AF388396

Bibliografische Information der Deutschen
Nationalbibliothek:

Die Deutsche Nationalbibliothek verzeichnet diese
Publikation in der Deutschen Nationalbibliografie;
detaillierte bibliografische Daten sind im Internet
über dnb.dnb.de abrufbar.

© 2024 Paulina Tsvetanova (Hrsg.), PAULINA'S FRIENDS

Korrektur & Lektorat: Julia Palmer, Victor Marnetté,
Paulina Tsvetanova

Coverdesign: Alena Krcova-Hurban

Satz: Claudia Mohr

Herstellung und Verlag:
BoD – Books on Demand, Norderstedt
ISBN: 9783759750556

Deine Freundin, die Essstörung
Wie Du Deinen Lebenshunger stillst

Inhaltsverzeichnis

I. Meine Freundin die Magersucht — 11

von Paulina Tsvetanova

II. **Der Aromen-Code** 66

von Christina Wallintin

III. **Vom Drama zum Sama** *142*

von Patricia Maria Uhlig

Liebe Leserin, lieber Leser,

das vorliegende Buch besteht genau genommen aus drei Büchern. Es ist eine Trilogie über drei Krankheiten, die Ärzte unter dem ICD-Code F50 zusammenfassen: Essstörungen in ihren unterschiedlichen Erscheinungsformen.

Im ersten Teil begebe ich mich auf die teils schmerzvolle, teils erlösende Reise in meine Vergangenheit, um herauszufinden, wie ich magersüchtig wurde. Es ist eine persönliche, emotionale, authentische Geschichte. Meine Geschichte. Ich beschreibe auch, wie mich diese Krankheit bis heute prägt und einen großen Einfluss auf mein Leben hat.

Im zweiten Teil verknüpft Christina Wallintin psychologische Erkenntnisse mit ihrer eigenen Krankheitsgeschichte. Patricia Maria Uhlig nimmt Dich im dritten Teil mit auf eine spirituelle Erkenntnisreise, die Dich wieder mit Dir selbst verbindet.

Es sind drei Leben, drei Erkrankungen, drei Herangehensweisen und doch wiederkehrende Themen. Uns eint, dass die Erfahrung mit dieser Krankheit unser Leben und die Wahl unseres Berufes maßgeblich geprägt hat. Wir wollen Betroffenen Mut machen und beschäftigen uns auf professioneller Ebene mit den Auswirkungen von Essstörungen. Ich feiere mit meiner Mode das pure Leben. Christina begleitet als Mentorin Menschen bei ihrer Selbstverwirklichung. Patricia Maria gründete die Soulleading Academy, die Menschen hilft, ihrer Seelenstimme zu vertrauen und ihr mutig zu folgen.

Dieses Buch ist mir eine Herzensangelegenheit. Ich hoffe, Du findest darin Zuversicht und Inspiration.

Deine Paulina

I. Meine Freundin die Magersucht

von Paulina Tsvetanova

Vorwort

In diesem Buch packe ich aus. Eine der traumatischsten Erfahrungen meines bisherigen Lebens war meine inzwischen vergangene Magersucht. Mit zwölf wurde ich magersüchtig. Davor war ich ein Kind. Ich kann mich nicht erinnern, wie meine Kindheit war, warum ich zwischen zwölf und zweiundzwanzig daran erkrankt war und wie mich diese tückische psychosomatische Krankheit fast das Leben gekostet hätte.

Es ist ein Buch für Betroffene und Angehörige aus der Perspektive einer Überlebenden, die sich selbst heilte, trotz oder gerade wegen aller schlechten medizinischen Prognosen. Die bewusst Ja zum Leben sagte und sich gegen den Tod entschied.

Die Reise ist aber noch nicht zu Ende: Einmal magersüchtig, immer magersüchtig, heißt es. Denn selbst wenn du wieder ein ganz normales Gewicht hast, nie wieder Kalorien zählst und dich nie wieder gewogen hast, heißt es lange nicht, dass du emotional die Magersucht bekämpft hast.

Es geht darum, echte Grenzen, Gefühle und Bedürfnisse zuzulassen, ohne Scham, Schuld oder Pflicht. Deinen Körper zu spüren, ohne extreme Erfahrungen.

Es geht darum zu begreifen, dass Selbstverletzungen nicht unbedingt sichtbar sein müssen. Den inneren Druck, nicht zu genügen, immer mehr liefern zu müssen, gefallen, unterhalten zu wollen, das süße, gut erzogene, intelligente, vorbildliche Mädchen und immer stark sein zu wollen – all das gilt es aufzugeben. Es wohlig schön, gemütlich, entspannt mit sich zu haben, sich endlich zu genießen und wertzuschätzen, ohne Belohnung für eine erbrachte Leistung. Ohne nach einem glücklichen Moment sich selbst zu bestrafen. Sich verwöhnen zu lassen, auch wenn du es nicht verdient, auch wenn du nicht dafür hart gearbeitet hast. Müdigkeit, Erschöpfung und die eigenen Schwächen, Ängste und Unsicherheiten anzunehmen. Sich gegen die Perfektion zu entscheiden, weil Authentizität genau das Gegenteil von Perfektion ist.

Es ist eine Aufklärung über die Spätfolgen der Magersucht. Eine sehr tragische Spätfolge ist beispielsweise Unfruchtbarkeit und Kinderlosigkeit. Wie absurd, während der Magersucht und einige Jahre nach der Genesung hatte ich panische Angst davor, schwanger zu werden und Mutter zu sein. Zugleich wollte ich nicht erwachsen werden, ich sehnte mich danach, ein Kind zu sein. Emotional und intellektuell war ich immer eine alte Seele. Viel erwachsener als mein physisches Alter. Als hätte ich das fruchtbare Alter unterbewusst übersprungen, als wäre ich von einem Kind gleich zu einer reifen Frau geworden. Die Magersucht ist die Sehnsucht nach dem Kind, nach dem Nie-Erwachsen-Werden-Wollen. Die Angst vor der Verantwortung des Erwachsenseins.

Eine dramatische Folge meiner Magersucht ist zum Beispiel, dass ich mit achtundzwanzig in die Wechseljahre kam. Ich hatte nur vier Jahre meines Lebens einen regelmäßigen Zyklus. Danach nie wieder natürlich, nur durch Hormonersatztherapie. Ist es nicht unfair, dass ich so lange für mein Leben gekämpft habe, mich dafür bewusst entschieden habe und zum Schluss den Preis bezahle, keine leiblichen Kinder bekommen zu können, kein Leben schenken zu können? Bedenke, solltest Du akut an Magersucht leiden: Der Preis, den du dafür eines Tages bezahlen wirst, ist viel zu hoch.

Der Kindheitstraum, Modedesignerin zu werden, ist langsam, aber sicher vorerst gestorben mit Beginn der Magersucht. Zugleich bin ich aber durch die Magersucht und später, durch die Heilung davon, erwachsen geworden. Mit der Erfüllung des Kindertraumes, Modedesignerin zu werden, wurde meine alte Magersucht getriggert. Also ist der Kinderwunsch eigentlich der Kindheitstraum?

Magersucht bedeutet: Angst vor dem Leben, Sehnsucht nach dem Tod, Streben nach Kontrolle, der Wunsch, emotional genährt zu werden. Essen ist Leben. Dieses Buch vereint zentrale Themen hinter der Magersucht. Es ist kein Coaching- oder Ratgeberbuch. Meine Freundin, die Magersucht, sie hat mir die wichtigsten Lebenslektionen bisher gelehrt.

Und heute? Wie fühlt sich meine Existenz heute an? Mein Motto lautet: Iss, trink und trage deine neuen Kleider. Ich bin das pralle Leben. Die pure Lebensfreude. Die reine Sinnlichkeit. Ich staune oft, wie viel Leidenschaft und Lebensfreude in mir steckt und ich in anderen entfachen kann. Ich kann manche Menschen wahrlich zum Leben erwecken. Ich habe Lebenshunger.

Angst und ihre Überwindung

Mein altes Angstmuster sah ungefähr so aus: Wenn ich Angst habe, dann wird alles gut sein, dann habe ich die Kontrolle. Ich muss zum Beispiel immer vor einem Arztbesuch Angst haben, damit der Arzt nichts findet. Die Angst ist meine Bestätigung dafür, dass ich gesund bin. Ohne Angst laufe ich Gefahr, dass ich direkt in eine Krankheit stolpere. Wenn ich eine Sache beeinflussen kann, macht es mir Angst. Aber bedenke, diese Angst kann ihr Gesicht ändern und damit hält sie dich abhängig. Sie zeigt sich als Hypochondrie, begleitet von allen möglichen psychosomatischen Symptomen, entweder renne ich ständig zum Arzt oder ich zeige ein Verdrängungs- und Fluchtverhalten, gehe also gar nicht zum Arzt. Oder ich habe Flugangst. Oder Panikattacken. Oder Kontrollzwänge. All das sind Facetten der vergangenen Magersucht.

Meine Leidenschaft für Krankheiten

Mein Schaffensdrang wird von meinen Neurosen gespeist. Körperliche Symptome, ob psychosomatisch sei dahingestellt, bestimmen den Tagesablauf. Falls ich sie am Tag zuvor nicht mehr hatte und die Hoffnung hegte, dass diese nie wieder kommen, dann bestrafe ich mich selbst durch Leiden. Es folgen Sorgen und Selbstvorwürfe, weil ich nicht zum Arzt gehe, um es abzuchecken, denn es kann lebensgefährlich sein. Ob Gewicht oder Puls oder Blut auf dem Papier nach dem Stuhlgang – es ist immer der gleiche Mechanismus der Selbstkontrolle. Ich hatte schon panische Angst davor, meine Haare zu verlieren, Angst vor HIV, vor einer Schwangerschaft, vor Herzversagen, vor Kontrollverlust in Form von Schwindelangst, vor Brustkrebs und vor vielem anderen.

Krank sein oder sich krank fühlen – das macht für mich keinen Unterschied. Das Krankheitsgefühl kommt automatisch und ohne Zweifel, sobald ein Symptom da ist. Je häufiger das Symptom da ist, desto mehr werde ich in meiner Angst bestätigt. Man belohnt sich unterbewusst, wenn man das Symptom nicht mehr hat. Aber das ist ein Trugschluss. Er dauert nur an bis zum nächsten Tag, wenn das Symptom erneut da ist. Und dann ist der Tag wieder versaut. Wovon hängt mein inneres Empfinden für Gesund- und Kranksein ab? Wessen Expertise vertraue ich am meisten?

Sich nicht normal, nicht richtig zu fühlen begleitet mich bei meiner täglichen Körperbegutachtung. Selbstbestrafung mit Freudeentzug – als wäre man glücklicher, wenn man davor lange genug traurig war. Mich nervt die Hartnäckigkeit, mit der mein Körper, (oder besser gesagt meine Psyche) an der Vorstellung von Kranksein hing und immer noch hängt. Der Hunger (und mit ihm die Spätfolgen, wie die permanenten Sorgen um die eigene Körpergesundheit) verdrängten meinen Hunger auf die verlorene Kindheit, eine Kindheit, die ich nie richtig gelebt habe.

Nicht schwanger sein können – schon wieder etwas, das mein Körper nicht konnte, wo er nicht normal funktionierte. Den Fehler suche ich im Körper, der mich vermeintlich von meinem Glück abhält. Ein Wunder, dass dieser Körper immer noch da ist, nach den vielen Jahren der Quälerei, die ich ihm angetan habe. Warum funktioniert er nicht so wie ich will, wie ich meine zu wissen, wie ich meine wollen zu müssen? Das, was ich will und nicht das, was ich denke, wollen zu sollen. Wo fängt Gesundheit an und ist Gesundheit nur die Abwesenheit von Krankheit? Ist nur ein gesunder Körper ein wertvoller Körper?

Mein Leben ist häufig ein bemitleidenswertes Wechselspiel zwischen planlosem Hin-und-Her-Gerenne und erschöpfter Apathie. Man braucht keinen Ausgleich, sondern eine Basis. Burnout ist nicht Batterie leer, sondern Ladekabel defekt.

„Die Hypochondrie ist die einzige Krankheit, die ich nicht habe“, behauptete einst der englische Komiker

Tony Hancock. Der Hypochonder (in dem Fall ich) ist ein Suchender, den letzten Mysterien auf der Spur. Einer, der Wissen anhäuft und dabei nur noch mehr die Orientierung verliert. Einer, der uns alle an Vergänglichkeit und Tod gemahnt. Der Hypochonder hat eine Leidenschaft für Krankheiten.

Außergewöhnliche Ärzte verdienen außergewöhnliche Patientinnen. Aus jedem Unsinn Wahrheit schöpfen, aus jeder Narrheit Vernunft – werde endlich dein eigener Arzt!

Die nackte Panik, die Angst vor dem eigenen Herzen oder das pulsierende Leben

Sternenklarer, kalter Himmel. Es ist eigentlich alles in Ordnung und doch darf ich wieder nicht schlafen. Warum, warum, warum? Okay, vor dem Schlafengehen habe ich Kaffee getrunken, sprach wieder über meine Kinderlosigkeit, was in unserer Hundeerziehung alles falsch läuft. Ich hätte nichts trinken dürfen. Habe ich zu spät gegessen oder mit den Gesprächen übertrieben, mit dem Yoga, der Sauna? Was war zu viel? Aber lag es daran? Es war ein schwacher Filterkaffee und Alkohol habe ich nicht getrunken. Die anderen durften, ich nicht. Wie schnell schlägt mein Herz? Schneller als gestern? Warum bin ich so aufgedreht?

Irgendwas lässt mich nicht müde sein. Angst, dass ich wieder nicht schlafen kann. Ich fühle mich rastlos. Ich finde keine Ruhe. Ich will endlich müde sein und nur schlafen. Es gibt sie noch, diese Nächte, wo ich ganz normal schlafe. Ich spüre, wie mein Körper schwer wird, wie ich gähne, wie sich alles entspannt. Am nächsten Tag bin ich stolz darauf, aber auch besorgt. Denn, dann darf ich das heute nicht mehr. Wenn ich einmal glücklich bin, dann kommt das große Unglück. Und diese quälenden Gedanken über meinen Puls, ob er normal ist. Diese permanente Selbstkontrolle im Ohr. Jede Nacht lausche ich dem mal mehr, mal weniger. Was habe ich bloß am Herzen? Bin ich krank? Muss ich den Notarzt anrufen? Es ist doch eine schlimme Krankheit. Siehste, heute Nacht ist es wieder da. Dieser Teufel verfolgt mich unaufhörlich, die nackte Panik. Dass ich daran sterben könnte. Ein Symptom nach dem anderen. Und wieder von vorne. Kreislauf. Teufelskreis. Psychosomatik. Ja, es fühlt sich total physisch an. Wie kann es sein, dass es psychisch ist. Ich habe jede Nacht Angst ins Bett zu gehen. Angst, dass es wieder auftritt. Angst, dass ich eine Panikattacke im Schlaf bekomme. Angst, dass ich nicht mehr aufwache oder an einem Herzinfarkt im Schlaf sterbe.

Am Folgetag werde ich fix und fertig sein. In ein paar Stunden muss ich aufstehen. Rast das Herz, wenn ich mich umdrehe? Ich bin wie gelähmt. Ich muss ein paar Mal Pipi machen, die Blase drückt mehr als sonst. Meine Füße sind kalt und zittern. Ich will keine Tabletten nehmen, ich schaffe es auch ohne. Dem auf den Grund gehen. Was will mir mein Herz flüstern? Warum ist mein Herz so laut? „Ich komme so selten zu Wort, ich möchte nur ruhig und gesund sein." Was weckt mich immer wieder auf? Mein Herzschlag oder die Angst. Wovor?

Endlich raus aus diesem Körper. Ich möchte nur noch nach Hause. Aber wo ist mein Zuhause? Angst vor dem Tod und vor dem Leben.

Es gibt Nächte, in denen der Puls ganz langsam schlägt und ich trotzdem hellwach bin und grübele. Und wiederum welche, wie heute, in denen ich spüre, dass er beschleunigt ist, ich nicht schlafen kann, und dennoch sehr ruhig und gelassen bin. Vielleicht weil ich mir gerade die Frage stelle, wie viel Lebenszeit ich noch mit dem

Thema verbringen will. Ist es wirklich wichtig, wie hoch mein Puls ist? Und warum darf er nicht schneller sein? Was ist wirklich wichtig? Am Ende des Tages kann ich nichts kontrollieren. Das Herz hat einen eigenen Willen. Es ist außerhalb meiner Macht. Ich habe da nichts zu melden. Solange ich am Leben bin, schlägt das Herz in seiner eigenen Dynamik. Ich will mich nicht mehr so wichtig nehmen. Ich will aufhören, mich so sehr zu beobachten und immer etwas zu suchen, das außerhalb der Norm ist. Es ist so eine große Arroganz zu behaupten, dass meine ständige Kontrolle irgendjemandem irgendwas bringt. Einerseits gehe ich nicht zum Arzt und lasse mich nicht durchchecken, weil ich den Ärzten nicht vertraue, andererseits traue ich mir selbst genauso wenig. Ich lasse mich ständig von meinem inneren Arzt durchchecken, der überhaupt nicht kompetent ist! Ich will verdammt noch mal endlich mit den Sorgen um meine Gesundheit aufhören! Das schlimmste Szenario, eine Ohnmacht im Krankenhaus, das tritt nie ein. Ich verpasse so das Leben, verdammt noch mal! Ich will mich mit dem Körper anfreunden und nur gesund sein. Habe ich es überhaupt verdient, gesund und fröhlich zu sein?

Das sind Selbstgespräche aus meinem Tagebuch. Mehrere Jahre, nachdem ich nicht mehr an Magersucht erkrankt war. Trotzdem. Was steckt dahinter? Selbstkasteiung durch Angst. Es ist einfach, krank zu sein. Ich habe Angst vor meinem Herzen. Vor meinem Körper. Vor der Fülle im Bauch. „Das ist nicht normal", der ultimative Satz meines Vaters aus meiner Kindheit.

Angst, dass ich nicht normal bin. Zu Hause erniedrigt, abgelehnt, verspottet – was muss ich tun, um die Liebe und Anerkennung meiner Eltern zu verdienen? Normal werden? Ich habe Angst vor mir selbst. Angst zu sterben, Angst vor der Nacht. Angst, dass ich nicht aufwache. Das wäre doch viel schöner, als in diesem Zustand zu verbleiben. Ich muss mir eingestehen, dass ich Angst vor dem Leben, nicht vor dem Tod habe. Die Angst vor dem Leben. Die Sehnsucht nach dem Tod. Das Streben nach Kontrolle. Der Puls erinnert mich daran, dass ich am Leben bin. Das Leben, das ich in mir nicht spüren darf. Das Leben, das ich nicht in der Lage bin zu schenken. In den Schlaf überzutreten bedeutet, sich fallen zu lassen. Kompletter Kontrollverlust. In sich hineingehen. Der Schlaf ist der kleine Bruder des Todes.

Warum kann ich meine Angst loslassen?

Weil ich eigentlich keine Kontrolle über sie habe. Weil ich keine Kraft mehr habe, dagegen anzukämpfen. Weil ich spüre, was ich verpasse, wenn ich Angst habe. Darin sehe ich keinen Sinn mehr. Ich habe keine Lust, noch mehr Lebenszeit damit zu verschwenden. Die Angst hat mich jahrelang so viel Lebensqualität und -freude gekostet. Die gibt mir keiner zurück. Ich habe viel mehr Mut und Vertrauen in meinen Körper als ich dachte. Ich darf Menschen begleiten, ermutigen und aufbauen. Ich habe eine soziale Aufgabe, die ich nur erfüllen kann, wenn ich meine Angst im Griff habe. Ich kann mich ohne meine Angst endlich seelisch und körperlich entfalten. Ich darf mich selbst dafür belohnen, dass ich meine Angst überwunden habe. Ich habe verstanden, warum sie gut war. Nun darf sie gehen.

Das Nichts oder die Flucht in ein Hoffnungsland

Deutschland ist meine Wahlheimat. Der Ort, der mich vor meiner Familie retten sollte. Der Ort, an dem ich erwachsen geworden bin und an dem ich mich für Selbstheilung vor der Magersucht entschieden habe. Meine Fluchtgeschichte im zarten Alter von siebzehn Jahren, als ich schwerst an Magersucht erkrankt war, prägte mein bisheriges Leben mehr als alles andere.

Es ist egal, aus welchem Grund man flieht. Flucht ist Flucht. Sie hinterlässt Spuren und Narben in der Seele. Der Verlust der Heimat ist eine Art Tod. Neue Heimaten zu erschaffen ist eine Art Wiedergeburt.

Flucht ergreifen. Alles hinter sich lassen. Nur so kann ich mich der Herausforderung stellen, ins Unbekannte starten, mir eine Residenz auf ungesichertem Grund aufbauen. Nicht zurückblicken. Neue Verbindungen schaffen. Hoffen auf eine bessere Zukunft. Ankommen. Mit Nichts in der Fremde versuchen Fuß zu fassen, in eine unbekannte, gefährliche Welt geworfen. Dem sicheren Heimatnest entrissen. Aber war ich dort wirklich geborgen?

„Wie soll der Fisch überleben, wenn ihn jemand aus dem Wasser herausholt?", schreibt Ahmad Hashish in seinem „Tagebuch eines nutzlosen Flüchtlings. Eine Erzählung von demselben Planeten, auf dem Sie leben". Aus dem Nichts kommen, heißt es in seinem Fall, kein vorgefasstes Prinzip zu haben, keine Strategie, keine Arbeitsmethode, kein Material, keine Idee. Die Vergangenheit zählt nicht mehr. Man kommt in eine neue, unbekannte Situation und kann erstmal nur reagieren. Eigentlich will man lieber agieren statt reagieren. Sich das Nichts anzusehen hat zur Folge, dass selbst unscheinbarste Kleinigkeiten eine Wichtigkeit bekommen. Man fängt an, versteckte Muster, Ornamente, Signaturen, Botschaften auf dem Weg zu entdecken. Man findet Hilfe in den banalsten Dingen und greift nach einem Strohhalm wie ein Ertrinkender, der verzweifelt an seine letzte Hoffnung festklammert. Wenn man im Nichts sitzt, ist es naheliegend, dass man in alle Richtungen Ausschau hält und versucht, das aufzufangen, was einem von allen Seiten zufliegt. Das Leben geht immer weiter. Die Wahllosigkeit lässt einen alles aufsaugen wie ein Schwamm. Man wartet und nimmt so vieles achtsam wahr. Wann ist eine Flucht zu Ende?

Der Wunsch nach dem Kind in mir

Kinder kriegen. Warum? Wozu? Wie stark ist die Sehnsucht danach und bin ich bereit, um jeden Preis alles dafür in Kauf zu nehmen: Eizellspende, Pflegekind, Adoption, alleinerziehend sein? Lerne ich meine Aufgaben auch ohne Kind? Ist es mein Wunsch oder der soziale oder biologische Druck, Torschlusspanik, Fomo – fear of missing out? Ja, ich habe die Option, es zu probieren, aber kann ich die Enttäuschung verkraften, wenn es nicht klappt? Wer hat Kinderkriegen jemals bereut (Stichwort regretting motherhood), egal wie anstrengend es ist? Warum soll ich Kinder kriegen, nur weil ich es kann? Warum soll ich keine kriegen, weil ich es nicht kann? Kinder haben wollen, weil nicht können? Das, was wir wollen, können wir oft nicht. Und das, was wir können, wollen wir wiederum nicht, absurd, oder? Versuche ich durch meinen Kinderwunsch, die Sehnsucht nach dem verlorenen Zwilling, den Trennungsschmerz zu stillen? Ist es der Neid, die Eifersucht, das Mangeldenken, dass meine Zwillingsschwester ein Kind hat und ich nicht? Ihr wurde ein Wunder geschenkt, wieso mir nicht?!

Leben schenken. Vor allem weil mir selbst das Leben wieder geschenkt wurde. Ich möchte das Leben zurückgeben. Habe ich ein schlechtes Gewissen, dass mir das Leben wieder geschenkt wurde und ich trotzdem nicht dankbar genug dafür war? Muss ich etwas zurückgeben, weil mir das Leben geschenkt wurde? Jemanden prägen, bemuttern wollen. Sich verschenken. Das, was ich nie an Liebe und Fürsorge bekommen habe, geben wollen. Sich verewigen wollen, die eigenen Gene ins Universum streuen. Die Sucht danach, gesehen, anerkannt und geliebt zu werden, ohne Wenn und Aber. Endlich wieder Infantilität. Kindseinwollen. Kindbleibendürfen. Die verlorene Kindheit. Die verlorene Heimat. Die einmalige Verbindung, bis der Tod mich vom Kind scheidet. Existenziell und organisch verbunden sein, für jemanden unersetzlich, unaustauschbar sein, so wie damals mit meiner Zwillingsschwester. Wurzeln schlagen, Heimat finden, zu Hause ankommen. Kein Partner oder Freund dieser Welt kann Heimat- und Kindersatz in einem sein. Jede Form von Kinderwunsch ist authentisch und berechtigt. Es gibt keine rationalen Antworten auf diese abstrakten Fragen. Es bleibt immer die Sehnsucht. Du musst dein inneres Kind adoptieren.

Die verlorene Kindheit und der Baum des Lebens

Innerer Dialog nach einem Gespräch mit einem Portier namens Angel am Central Park.

„Jedes Mal wenn ich zum Frauenarzt gehe, werde ich daran erinnert, dass ich den Tod in mir trage."

„Warum?"

„Weil ich kein Leben gebären kann."

„Bedeutet das, dass man automatisch den Tod in sich trägt, wenn man kein Kind zur Welt bringen kann?"

„Darling, we all carry death within us."

„Why?"

„Weil der Tod das einzige Wahre ist. Mit der Geburt nähern wir uns ständig mehr und mehr dem Tod."

War mein Ex-Freund nur dazu da, mir zu helfen, mein altes Kindheitstrauma zu aufzulösen? Mich daran zu erinnern, dass ich selbst mein inneres Kind heilen muss, bevor ich eigene Kinder bekomme? Mich an meinen alten Kindheitstraum zu erinnern? Kann eine unerfüllte Beziehung einen unterdrückten Kinderwunsch stillen? Der Moment, in dem ich anfing, Erfolg mit meiner Mode zu haben und meinen alten Kindheitstraum zu erleben und wieder zu beleben, bedeutete das nach und nach das Ende der Beziehung? Meine Kreativität erdet mich nicht, ganz im Gegenteil. Sie beflügelt mich. Musste ich den Hund, unser Ersatzkind, und die Beziehung opfern, damit mein alter Traum wieder auferstehen kann? Welchen Preis bezahle ich für meinen alten Traum? Habe ich einen authentischen Kinderwunsch? Oder kommt die Entfaltung unendlicher Kreativität einer Geburt gleich? Kam daher die Angst vor dem Schwangerwerden früher und die Angst vor der Geburt? Oder will ich selbst wieder Kind sein dürfen? Das durfte ich nie. Will ich selbst Wärme, Geborgenheit, emotionale Sicherheit geben oder möchte ich selbst versorgt und umsorgt werden? Kinderkriegen, um anzukommen, geerdet zu sein, eine starke Bindung, Heimat und Sicherheit, Geborgenheit, Schutz, Zuflucht, einen sicheren Hafen zu finden. Aber das ist doch genau das, was Kinder selbst brauchen.

Sterben lernen

Im Rahmen meiner Ausbildung als ehrenamtliche Sterbebegleiterin habe ich vieles über mich und das Leben lernen dürfen. Zum Beispiel, dass man als Sterbebegleiter ein Experte in Lebensnormalität wird. Ich habe eine Ehrfurcht vor der Einzigartigkeit des Gegenübers gelernt. Wie drücke ich Schmerzen aus? Wie kann ich mit meinem Schmerz sprechen? Was bedeutet Familie für mich? Egal was in der Familie ist, es ist immer gültig, es ist wie es ist, und es darf so sein. Bin ich genug? Tue ich genug? Was muss ich tun, um genug zu sein? Sterbende schenken uns ihre Lebenskraft. Es ist unsere Aufgabe, unseren Selbstwert zu erarbeiten, zeit unseres Lebens auf Erden. Der Dalai Lama sagt: „Ich verneige mich vor Deinem Leid und lasse es bei Dir."

Systeme können Störungen ausgleichen. Was fängt mich auf, wenn alle Stricke reißen? Der Tanz auf dem Seil und doch hast du die Fäden in der Hand. Bringt Spannung Stabilität? Ich darf mich nicht in die Strickmuster der anderen verstricken lassen. Manches wird erst gut, wenn wir es gut sein lassen. Wohin fallen wir? Der Tod ist nur ein Wandel, ein Übergang und nicht das Ende. Tod bedeutet Leben, nach Hause kommen, der Kreislauf des Lebens. Erlösung, Abgeben, Erleichterung. Er bedeutet, alles zu verschenken. Loslassen ist kein Verlust. Der Tod ist das Ende des Sterbens, nicht des Lebens. Der Körper weiß, wie es geht. In Würde zu sterben ist das Wichtigste. Vielleicht gibt es beim Tod endlich keine Turbulenzen mehr? So wie man lebt, so stirbt man. Es gibt auch ein Leben vor dem Tod. Geburt und Tod sind gleich. Beides ist ein intimer, emotionaler Prozess und mit Schmerz verbunden, mit Überraschung, Ausgeliefertsein, Ohnmacht, Rhythmus. Lebensmüdigkeit ist eine Form des Todes. Der Tod ist der Motor des Lebens. Sterben muss man allein. Auch leben muss man allein. Leben heißt sterben lernen.

Mein Freund, der Tod –
Von der Sehnsucht nach
Stille und Leere

Magersucht ist letztendlich eine unstillbare Todessehnsucht.

Das Leben riecht nach Engeln. Oder nach Kerzen. Oder nach Weihrauch. Und der Tod, wonach riecht er? Der Tod ist die radikalste und emotional am stärksten besetzte Form von Abwesenheit.

Leben und Sterben, Lieben und Loslassen. Wir rühren an unseren Ängsten angesichts der Endlichkeit des Seins, der eigenen Vergänglichkeit. Was passiert mit uns, wenn wir unserer eigenen Vergänglichkeit ins Auge schauen? Was soll das alles sonst hier?

Ich hatte sehr lange eine unstillbare Herzangst. Angst vor dem Versagen des eigenen Herzens. Angst vor dem Leben, nicht vor dem Tod. Zugleich wollte ich Leben schenken. Neben der Geburt ist der Tod die einzige Erfahrung, der kein Mensch entkommt und von der niemand erzählen kann. Schwer zu ertragen.

Der Tod wird mich das Leben kosten. Der Tod ist die Verlängerung des Lebens, allerdings in gesteigerter

Form. Wenn ich an meinen Lebensstil denke, frage ich mich, wie mein Leben noch gesteigert werden kann.

Stille ist der Klang von nichts und allem, Leben und Tod. Wenn man die Stille im Herzen erlebt, erlebt man tiefen Frieden, Sinnhaftigkeit. Wir sind in unserer reinsten Essenz Stille. Schönheit und Erhabenheit des Lebens, Wunder in der Stille erfahren. Stille ist der Raum, in dem Kreativität, Liebe und Frieden entstehen. Es gibt Menschen, die denken, dass etwas nicht existiert, wenn sie es nicht sehen. Wir klammern uns an einen Wahn, weil wir immer meinen, an eine Wahrheit zu glauben, die uns am Leben hält.

Der Tod ist ein Rhythmus, der alle Menschen existenziell verbindet. Der Tod ist der Puls des Lebens.

Unvergessliche Geschichten erzählen vom Innehalten, vom Atem, der stockt in der Stille. Vor lauter Wunder, Angst, Wut, Glück und Schmerz. Panik, die mir beigebracht hat, präsent zu sein. Bei-Sich-Sein. Da-Sein. Endlich die flüsternde, leise, sanfte, subtile, echte Stimme, die weiß, dass alles in Ordnung ist. Innigkeit und Intimität mit sich selbst. Dem eigenen Herzen zu lauschen, was da eigentlich vorgeht. Selbst wenn es Stillstand ist, hoffentlich kein Herzstillstand. Sich spüren in der Nacht. Und dann am nächsten Tag das Leben umso mehr zu lieben. Denn es kann jeden Moment vorbei sein. Dieser eine Moment, den ich immer mit mir trage.

Die Augen gewöhnen sich schnell ans Dunkel. Die Gedanken bleiben stehen. Nichts außer Atem. Vollkommene Ruhe. Sanftmut. Fühlt sich der Tod so an? Es gibt keine Spannung mehr. Keine Angst. Das Nichts. Das muss Gott sein.

Ich fühle mich sehr klein. Meine Probleme, die Dinge, die mich gestresst haben, meine Sorgen über die Zukunft scheinen alle völlig unwichtig. Egal, was ich in meinem Leben tue oder nicht tue, ob meine Entscheidungen richtig oder falsch waren, die Welt würde noch lange existieren, nachdem ich eines Tages nicht mehr am Leben bin. Muss mein Tun immer Sinn ergeben? Warum bin ich eigentlich hier? Wenn alle Dinge, die mir wichtig waren, es in der Tat gar nicht sind, was ist dann wirklich wirklich wichtig? Was soll das Ziel Existenz? Es ist egal, ob ich ein erfülltes Leben führe. Vielleicht reicht es, einfach nur eine schöne Geschichte zu schreiben.

Flauschige, kuschelige, plüschige Wolken und der Flügel (vom Flugzeug) umrandet von Regenbogenkonturen. Der Regenbogen umhüllt, umarmt, formt alle Wolkenformationen samt Flügel. Regenbogen bedeutet immer die Brücke zum Jenseits für mich.

Ich lebe und liebe Farben.
Farben tanzen.
Leben tanzen.
Leere tanzen.
Leere leben, lieben, lehren.

Gefälligkeiten, Zugeständnisse, Anerkennungssucht

Warum muss ich das tun, was ich tue? Was ist meine wahre, echte Motivation? Wem muss ich was beweisen und wofür? Welchen Preis bezahle ich für die kurzfristige Anerkennung von Menschen, die ich kaum kenne, wenn ich ihnen einen Gefallen tue? Ich erniedrige mich jedes Mal, wenn ich anderen keine klaren Grenzen setze. Wenn ich ausstrahle, dass sie sich bei mir bedienen und sich mehr erlauben können, mache ich mich co-abhängig. Ich erniedrige mich jedes Mal selbst, wenn ich mich in die Probleme anderer verstricken lasse. Dann mache ich sie zu meinen eigenen. Wenn ich mehr anbiete, ohne etwas für mich einzufordern, darf ich mich nicht wundern, dass andere mich ausnutzen. Ich verhalte mich so, als wäre ich jedem zu etwas verpflichtet. Ich bin mit mir nicht im Reinen, wenn ich mich anstrenge, bloß niemanden zu enttäuschen, und dabei meine Erwartungen an mich selbst ignoriere, mich verbiege und ewig Kompromisse mit meinem inneren Empfinden mache. Ich habe es satt, ständig mit mir hart zu verhandeln, ständig Zugeständnisse zu machen, weil ich mich von der Außenwelt latent unter Druck gesetzt fühle, frei nach dem Motto, sonst werde ich nicht geliebt. Ich lerne, die unerfüllten Wünsche, die Enttäuschung und Verbitterung, die Kritik anderer auszuhalten und nicht daran zugrunde zu gehen. Niemand kann immer nur Geschenke verteilen, ohne auf Dauer auszubrennen.

Wer gefallen will, schafft eine Grundlage für künftige übermäßige Forderungen von anderen.

Mama und der abwesende Papa

Tagebucheintrag vom 15.01.2019
Mama wird heute fünfundfünfzig. So eine runde Zahl.
Und ich wurde vor kurzem genau zwanzig Jahre jünger:
fünfunddreißig. Irgendwie fühlt es sich wie das Leben
in der Midlifecrisis an, oder so, als wäre diese gerade
vorbei. Früher waren wir drei wie Schwestern – meine
Zwillingsschwester, unsere nicht mal zwanzig Jahre
ältere Mutter und ich.

Wir sind beide krank. Sie hat, wie sonst nie, eine
schwere Grippe, und ich hatte gerade eine heftige Zahn-
operation mit fünf Spritzen (Weisheitszahn und Implan-
tat) hinter mir. Wir beide wollen nicht zugeben, dass wir
gerade nicht ganz fit sind, vor allem sie. Sie versucht, es
ständig zu vertuschen, redet sich ein, dass es ihr nun
wieder besser geht, dass schon alles vorbei ist, igno-
riert die Symptome. Sie ist heute, an ihrem Geburtstag,
beinahe an der Kasse umgefallen, vor lauter Schwäche.
Ich sichere ihr zu, dass wir nicht ausgehen müssen,
auch wenn es eine schöne Tradition wäre. Zusammen
shoppen zu gehen und einen Kaffee zu trinken, langsam,
während er kalt wird, denn so schmeckt er am besten,
wenn die Mama da ist und sie dich zu einem Kuchen
einlädt, selbst wenn ich kaum essen kann. Früher wollte
ich bewusst nicht essen, konnte es sogar nicht (mehr),
jetzt will ich essen, kann es aber (noch) nicht. Komisch.
Wir beide versuchen, es immer jemandem recht zu
machen, trotzdem zu lächeln, schön und gut gelaunt
zu sein, uns zu überwinden. Ich wüsste gern, warum.

Es ist ihr Geburtstag und sie hätte sich feiern lassen sollen und sich, wie sonst nie, verwöhnen lassen können. Sie hätte die anderen, mindestens an diesem Tag, sie bedienen lassen können. Ja, lassen. Loslassen, was gerade oder vielleicht gar nicht mehr geht. Man muss krank sein, um es zuzulassen. In der restlichen Zeit macht man sich krank. Bringt sich selbst bewusst oder unbewusst um. Sie ist wieder sehr vorbildlich, die perfekte Mutter hinter der inzwischen sehr traurigen Fassade. Sie hat sich immerhin zwei Kleider heute gegönnt und einen Kaffee ohne Zigarette. Aber es war ganz schön schwer, zwei ganze Stunden nicht zu rauchen. Fast schon eine Heldentat, denn normalerweise raucht sie zwei Schachteln am Tag. Okay, nur eine, wenn sie eine schwere Grippe hat.

Papa schaut seine türkischen Serienfilme an, sie sitzt mit dem Rücken zum Fernsehen und schaut mich an und versucht mir jeden Wunsch vom Mund abzulesen. Dabei will ich nur in Ruhe gelassen werden, so wie der Papa. Sie will uns bedienen, um sich dabei nützlich, gebraucht, geliebt, sinnvoll, verantwortungsvoll zu fühlen. Sie will die Kontrolle über die anderen in ihrem Umfeld haben, weil sie selbst die Kontrolle über sich selbst nicht hat. Die hat sie nur, wenn sie raucht. Das darf sie selbst bestimmen. Papa sucht nonstop nach einem Grund zum Streit. Er nörgelt und lässt sich das Abendessen servieren, immer sagt er was, wann, wie. Er gönnt ihr nicht mal einen liebevollen Blick. Eher das Gegenteil. Wenn sie es wagt, ihn zu fragen, was er will, fühlt er sich bemuttert, dominiert, fremdbestimmt. Er blockiert, lehnt sie ab, erniedrigt sie. Irgendwann fängt sie an zu weinen und zu zittern, vor lauter Ohnmacht. Dann ist die alte Scheidungsfrage wieder ein Thema. Wäre wohl doch die richtige Lösung gewesen. Er steht ruhig auf, geht schlafen und schnarcht, in weniger als zwei Minuten fällt er in einen Tiefschlaf. Es geht ihm am Arsch vorbei. Zumindest rein äußerlich. Sie raucht weiter und weint sich die Seele aus dem Leib. Und erzählt und erzählt. Irgendwann sprechen wir über unsere alte Magersucht und ziehen eine Parallele zu ihrer Sucht. Sie will nicht aufhören, weil sie sich umbringen will, weil es der einzige Weg der Befreiung von ihm sei, die Flucht vor seiner Kritik und Ablehnung. Flucht in die Arbeit, in die Zigaretten, das ist ihr Ventil. Auch wenn ihr die Arbeit Spaß macht, weil sie da wieder dieses Gefühl der süßen Kontrolle hat, sie ist die Chefin.

Und wovor flieht er? Vor seinem unerfüllten Herzenswunsch, Künstler zu sein. Eigentlich haben seine Eltern sein Leben vermasselt, als er gerade vierzehn wurde. Sie haben für ihn entschieden. So versucht er seit über vierzig Jahren eine Entschuldigung dafür zu finden, dass er kein richtiger Künstler geworden ist. Und bildet sich ein, dass Möbel reparieren, basteln, heimwerken, alte schöne wertvolle Dinge aufspüren und sammeln, eigentlich seine Leidenschaft sei. Wenn die Mama aber sagt: „Du kannst den Schrank nicht so gut machen wie ein Handwerker, ich bezahle dafür und er macht es schneller" – ist er zu Tode gekränkt. Denn, als Künstler kann man unter Druck keine Inspiration kriegen. Man kann als Künstler nicht funktionieren. Man will nicht. Man hat einen eigenen Rhythmus, eine innere Stimme, die sich nicht kontrollieren oder gar erzwingen lässt. Es juckt ihn wieder in den Fingern, irgendetwas Schönes zu gestalten. Papa ist ein Visionär, er träumt groß, aber strategisch, Schritt für Schritt. Er hat so viel Angst, dass sein Wunsch nicht in Erfüllung gehen könnte, dass er erst gar nicht wagt zu träumen. Er ist ein Familienbeschützer, auch wenn er es nie gezeigt hat. Und er liebt mich abgöttisch und will in meiner Nähe sein. Warum habe ich es aber fünfunddreißig Jahre lang nie gespürt?

Ja, heute sind wir mit Mama zwanzig Jahre auseinander, damals, als sie uns geboren hat, auch. Wir haben gerade wahrscheinlich das ehrlichste Gespräch unseres Lebens geführt. Ich sage ihr ins Gesicht, dass sie sich selbst gegenüber nicht ehrlich genug ist. Dass sie sich trennen sollte. Dass sie sich nicht selbst liebt, sonst würde sie sich nicht umbringen wollen, durch ihre Sucht, die sie ganz bewusst liebt. Die ihr die Geborgenheit spendet, die sie sonst im Alltag vermisst. Das mit Papa musste sein, damals. Das, was sie voneinander trennt, verbindet sie schon wieder – die Kontrollsucht, die Zwänge der beiden. Ihre ständigen Tagespläne, die permanenten Telefonate wegen alltäglichen Nichtigkeiten, der kranke Perfektionismus, die übermäßige Disziplin, das Hamsterrad. Sie fühlen die Lücke der Liebe aus. Sie geben Sicherheit, Sinn, existenzielle Struktur. Sie soll ihn verlassen, weder will sie es, noch kann sie es. Wann wird deren Problem eigentlich gelöst? Wenn einer stirbt. Der Tod muss es also lösen. Ach, da war ja was mit dem Tod.

Wir sprechen über unsere Geburt. Das ist das Krasseste, was mir jemand jemals mitgeteilt hat. Und das Schönste zugleich. Sie ist so machtlos, zerbrechlich, weich, ich kann endlich ihre Schwäche spüren. Endlich fließt die Wärme zwischen uns. Ich bin nicht mehr sauer, weil sie unsere Magersucht mitverursacht hat. Ich nehme sie sogar in Schutz und entschuldige das mit der Geburt. Eine junge Frau, genau zwanzig, der einige Male die Fehlgeburt drohte, mit zwei Kindern im Bauch, bevor sie überhaupt wusste, dass es zwei waren. Das hat sie vier Tage vor der Geburt erfahren. Eigentlich hat sie ein einziges Mal Sex gehabt und war also bei der Geburt fast noch Jungfrau. Sie teilt meine fürchterlichen Ängste vor Frauenärzten. Juhu, jetzt weiß ich zumindest, woher sie kommen könnten.

Es war Winter im Ostblock, genauer gesagt Weihnachten 1983. Wir wurden geröntgt, wer weiß, ob uns das beschädigt hat. Sie lag in den Wehen und irgendwann, nachdem sie zwei Babys, jedes so schwer wie ein Huhn, das Leben geschenkt hat, wurden sie ihr aus der Hand gerissen. Sie wusste nicht, wo wir sind, ob wir leben. „Frag nicht mehr nach", hieß es. Jeden Tag geht es dort nur um Leben und Tod. Mehr durftest du nicht fragen außer: „Leben sie heute noch?". Mama musste ihre Milch abpumpen. Neun Frauen, achtzehn Brüste, vierundfünfzig Kinder im Brutkasten-Saal, alle unterernährt. Die Misere war kaum erträglich, es ging nur ums Überleben. Irgendwann waren Mama und wir beide sogar auf drei verschiedene Krankenhäuser verteilt. Sie wusste nichts mehr. Komisch, jetzt sind wir auf drei Länder verteilt und haben nach wie vor eine unersättliche Sehnsucht nacheinander, die nie gestillt wurde. Wir waren eine Einheit. Bis zur Magersucht. Aber auch sie hat uns nicht getrennt, eher zusammengeschweißt.

Ich sage: „Mama ich habe dir alles verziehen, du bist an nichts schuld, es war die blöde Geburt, da liegt der Hund, ja der Grund für die Magersucht, begraben." Sie nickt und weint, in dem Moment kommen die Vorwürfe der Verwandten hoch als wir krank waren, wie sie an allem schuld sei, was sie für eine schlechte Mutter sei. Für uns war sie immer die Perfekte – Übermutter, Frau, Ehefrau, Hausfrau, business woman, Freundin. Unser drittes Drittel. Aber eigentlich war sie eine unreife, unschuldige, verliebte junge Frau, die allein mit einem Koffer vor ihrer Familie geflüchtet ist, so weit es ging. Damals waren die Grenzen Bulgariens im Verhältnis so groß wie heute ganz Europa. Sie floh vor der Fremdbestimmung ihrer Mutter und dem kalten, abweisenden Vater. So wie ich und meine Zwillingsschwester nach Deutschland flohen. Sie wurde durch Zufall schwanger. War Studentin. Hat nachts gejobbt, kaum gegessen, war spindeldürr, ja wirklich unterernährt, hat sich in Plovdiv verliebt, Kulturhauptstadt Europas, und ihr Herz sollte für immer dort bleiben. Wahrscheinlich waren wir sogar zu dritt in ihrem Bauch und die drohende Fehlgeburt war der Tod des dritten Drittels, das uns lebenslang an die Angst vor dem Leben erinnert. Kein Wunder, dass ich in meinen Beziehungen eher den (verlorenen) Bruder gesucht habe.

Tatsache ist: Wir haben es nur überlebt, weil wir voneinander getrennt wurden, alle drei. Und heute hat sie Geburtstag, sie ist zwanzig Jahre älter. An ihrem zwanzigsten Geburtstag kamen Studienkollegen ins Krankenhaus, um sie und uns zu sehen, aber nicht einmal eine Torte war dort erlaubt. Ein Gefängnis genannt Geburtshaus. Wir schwebten noch in akuter Lebensgefahr. Heute nicht mehr, aber es fühlt sich trotzdem nach wie vor so an. Und Mama fühlt sich dafür verantwortlich. Und raucht zwei Schachteln am Tag, selbst wenn sie krank ist, um die Spannung loszuwerden, dass sie nicht alles für alle vierundzwanzig Stunden am Stück und sieben Tage die Woche tun kann.

Der Hund steht in drei Stunden wieder auf und wird sie wecken, dann muss sie mit ihm um halb fünf Uhr in der Früh durch die Straßen ziehen. Aber eigentlich steht sie auf, weil sie wieder rauchen muss. Nein, ihr Rhythmus sei so. Und der Hund? Er passe seinen Rhythmus ihrem an. So wie wir beide damals gelernt haben, dass wir keinen eigenen Rhythmus haben, er wurde uns vorgelebt, vorgegeben, fremdbestimmt. Es ist schön, dass wir doch alle irgendwie am Leben sind. Und nachdem sie mit dem Weinen wieder aufgehört hat, sagt sie ruhig, dass es uns allen prächtig geht, und dass all das Luxusprobleme seien. Derjenige, der seine schicken Schuhe vermisst, hört damit auf, wenn er jemanden ohne Beine sieht. Nun frage ich mich, was davon ich bin – der Hund oder der Baum („Mal ist man der Hund, mal der Baum"). Gerade fühlt es sich so an, als wäre ich der Baum.

Wäre ich aber irgendwann nur dann verwurzelt, wenn ich selbst in der Lage wäre, Leben zu schenken? Zumindest das Leben in mir zu spüren. Nur durch die Kunst geht nicht, auch wenn ich sie im Unterschied zu Papa auslebe. Etwas, das in mir wächst, das wichtiger ist als alles andere. Würde das meine Ängste relativieren? Es fühlt sich jedenfalls wie eine Verarsche an, dass ich nun den Preis meiner Weiblichkeit dafür zahlen muss, dass ich damals an etwas litt, das mich bereits vor der Geburt an den Tod erinnerte. Und das ich eigenständig besiegt habe. Meine Weiblichkeit ist ein hart erkämpfter Luxus, den ich nicht leben kann. Mama, danke, dass du mir das Leben geschenkt hast, danke, dass es dich gibt! Heute habe ich endlich das Leben, die pure Verletzlichkeit durch dich so nah spüren können.

Danke, dass ich heute Mama so emotional gespürt habe. Dass sie mir vom Trauma aus ihrer Kindheit erzählte. Dass sie weggerannt ist, aus Angst bestraft und gezwickt zu werden. Als kleines Mädchen war sie oft allein, sie hat ihre eigene Mutter (Oma Panka) sehr vermisst, die öfters auf Geschäftsreise war. Mama hat Ersatzmütter gehabt. Sie verbindet ihren Geburtsort Oryachovo mit den Traumata aus ihrer Kindheit. Und das Verlassen des Heimatortes mit Rettung. Mama gab zu, dass sie uns vermisst, dass sie Angst vor der Einsamkeit und vor dem Älterwerden hat, Angst, dass sie eines Tages ohne Papa leben muss, dass sich keiner um sie kümmern wird. In dem Moment, in dem ich ihren Schmerz spürte, hörte ich auf, sie zu verurteilen.

Tagebucheintrag vom 27.05.2023
Ich bin dankbar für die Zeit mit meiner Mutter, für ihre Fürsorge und Aufmerksamkeit. Ich denke über ihre Kontrolle genauer nach, sie hat nichts mit mir und meinen Bedürfnissen, eher mit ihr und ihren Gewohnheiten und Ängsten zu tun. Ich möchte endlich mal spüren, was ich wirklich brauche, unabhängig von ihren Vorschriften. Ich möchte spüren, wann ich Hunger habe und aufhören, Dinge zu tun, um ihr zu gefallen, um sie zufrieden zu stellen. Ich stille unterbewusst immer noch ihre Bedürfnisse und Machtansprüche.

Mama, du verwechselst Liebe mit Notwendigkeit, Verpflichtung und Abhängigkeit. Du würdest uns doch nur in äußersten Ausnahmefällen besuchen kommen. Wir sind es nur wert, besucht zu werden, wenn wir in Not sind, wie damals in Freiburg, als wir schwerkrank an Magersucht erkrankt waren. Die Besuche in München und Berlin waren auch immer mit Sorge, Überleben, Arbeits- und Wohnungssuche verbunden. Dabei lebe ich deinen Alptraum, das, wovor du am meisten Angst hast: Deine Angst vor Ohnmacht, verloren zu gehen, kein Geld und kein Handy dabei zu haben, an einem unbekannten Ort zu sein, eine fremde Sprache zu hören, auf der du dich nicht unterhalten kannst. Ich lebe seit Jahren in Großstädten, komplett allein auf mich gestellt. Immer, wenn ich jemanden am meisten gebrauchen könnte, werde ich allein gelassen, wie eine heiße Kartoffel fallen gelassen. Ich bin es müde, ums Überleben zu kämpfen.

Mama übernimmt immer die komplette emotionale und körperliche Verantwortung. Sie dient der restlichen Welt zwar, aber oft nur, um besser da zu stehen, um die Kontrolle zu behalten. Mein Vater hat sie immer für ihre Erziehungsfehler kritisiert. Er war komplett abwesend. Als wäre er nie Teil des Ganzen, als müsste man für ihn extra leben. Von ihm habe ich fast nur Missgunst, Kritik, Zurückweisung bekommen. „In diesem Haus gelten diese Regeln. Wenn ihr sie nicht befolgt, braucht ihr nicht mehr zu kommen", klingt die Stimme meiner Eltern in meinem Kopf. Meine Eltern sind co-abhängig. Sie können nicht ohneeinander. Damals waren sie zu jung, nicht bereit für Kinder, überfordert. Wir haben die beiden verbunden, damit sie zusammenbleiben. Wir sind nur geduldet. Wir sind zu viel. Wir passen nicht rein. Wir sind aus der Art geschlagen. Oft habe ich meine ganze Existenz in Frage gestellt. Weil ich mich ungeliebt, ungesehen, sinnlos fühlte. Weil ich kein Leben voll konventioneller Normalitäten und Klischees führen kann. Ich darf all dem zum Trotz am Leben bleiben. Um zu kreieren, dem glücklichen Zufall zu vertrauen, die Welt zu bereisen, Stoffe und Geschichten, Menschen und Inspirationen zu sammeln. Meinen Eltern bin ich trotzdem dankbar für alles. Es reicht, dass sie mir das Kostbarste überhaupt – das Leben – geschenkt haben. Das ist genug.

Meine Eltern oder Wir gegen die Anderen

Sie sind Komplizen. Sie reden über uns vor Dritten. Total kontrolletti. Alltagsalkoholismus oder Zigarettensucht. TV-Sucht. Sie streben Perfektion an. Jedes Detail wird kritisch und urteilend besprochen. Jede Handlung, Aussage, Bewegung wird kommentiert und begutachtet. Ich fühle mich gelähmt. Ich habe oft das Gefühl, sie würden mir einen Gefallen tun und ich bin nicht dankbar genug für alles, was man für mich macht. Oft bin ich im Kleinkindmodus gefangen. Mein Leben scheint ein irrsinniges Chaos für sie zu sein, komplett aus den Fugen geraten. Ich habe das Gefühl einer permanenten Fremdbestimmung über meine Bedürfnisse und zugleich mich dauernd rechtfertigen, erklären, validieren zu müssen. Sie sind nachzuahmen und stellen sich nie in Frage. Sie geben mir immer das Gefühl, dass ich mich dauernd überschätze. Man kann es ihnen nie recht machen.

Papa, der verhätschelte Junge, der immer umsorgt und bemitleidet wurde, der zu schwach war. Der immer kränkelte, um Aufmerksamkeit zu bekommen. Dem man nichts zutraute, damit er sich nicht zu sehr belastet. Er hat es sich bequem gemacht und seitdem er Anfang dreißig ist, schluckt er Tabletten gegen Blutdruck, weil er Angst hat. Der eingebildete Kranke. Mama ist die unabhängige, starke, omnipräsente Kontrollinstanz, die die Strippen zieht, die das Leben der anderen im Griff hat. Er wurde immer kränker, um sie an sich zu binden. Und sie wurde immer machtvoller, dominanter, nach außen die liebevolle Mutter Theresa. Er hat uns immer als Konkurrenz gesehen und versucht, die Liebe seiner Frau durch Kränkeln zu bekommen. Das dritte, bei unserer Geburt verlorene Kind, ist er. Und so leben wir mit der Gewissheit der Schuld, am Leben zu sein, weil die Liebe meiner Eltern durch uns verhindert wurde. Dabei sind wir das Einzige neben den alltäglichen, ja fast zwanghaften Verpflichtungen, was die beiden wirklich verbindet. Ich bin unheimlich traurig und wütend, weil es nicht meine Angst ist, sondern eine mir von außen eingeimpfte Angst. Sie erinnert mich immer daran, dass ich sterblich bin, dass ich am Leben bin. Muss ich (wie Papa) immer krank sein, um Aufmerksamkeit und Liebe zu bekommen? Papa hat uns immer gehasst, von zu Hause weggejagt, gedroht, kritisiert, wir waren ein Störfaktor. „Ich liebe eure Mutter, euch nicht. Ihr seid krank, ihr seid nicht normal. Ich kann euch kaum ertragen. Wenn ihr achtzehn seid, zieht ihr endlich von hier weg!" (Das taten wir schon vorher und ja, wir haben unsere eigene Normalität). Bis heute nimmt er mich nur in den Arm, wenn er betrunken ist, oder aus Reue, selten aus Zuneigung.

Meine Heimat – meine Eltern?

Ich verstehe die Liebe meiner Eltern nicht. Wie kann ich mich bei einem kurzen Besuch – ein bis drei Mal pro Jahr – bei ihnen heimisch fühlen? Das Streben, sich beiden beweisen zu müssen, um echte Liebe und Anerkennung zu bekommen. Bulgarien ist meine Heimat. Und was ist, wenn sie nicht mehr da sind? Es bleibt die unerfüllte Sehnsucht.

Ani und unsere Konflikte

Tagebucheintrag vom 03.05.2023

Ich möchte aufhören, mich für das Glück und das Wohlergehen eines anderen Menschen verantwortlich zu fühlen. Die emotionale Erpressung. Das Aufzählen. Das Anspruchsdenken. Die Manipulationen. Ich kann es ihr einfach nicht recht machen. Ihre Tochter spiegelt ihr ihr eigenes inneres Kind. Sie setzt ihrer Tochter keine Grenzen und zugleich wird sie komplett vereinnahmt. Grenzen bieten Halt und Sicherheit. Grenzenlosigkeit ist das Gegenteil davon und ruft existenzielle Angst hervor. Sie lagert es ständig nach Außen aus. Ihr Kind spiegelt ihre Innenwelt. Wie geht es meinem eigenen inneren Kind? Es rebelliert, es ist wütend, es fühlt sich verletzt, missbraucht, instrumentalisiert, erpresst, unfair behandelt. Ständig hat man das Gefühl: Du gibst nicht genug, damit ich mich mit dir wohlfühle. Sie will dauernd mehr, immer fehlt etwas. Und wenn ich es versuche, gibt sie mir das Gefühl, eine Egoistin, Individualistin zu sein, keine gute Tante zu sein. Gott, ich hoffe, ich kann irgendwann diese Beziehung heilen. Ich bin empört über den Mangel an Solidarität, Schwesternliebe, Mitgefühl und Empathie von meiner Zwillingsschwester. Ich möchte mit ihr auch nicht mehr solidarisch sein. Ich fühle mich emotional abgekühlt, ernüchtert. Es geht nur um sie, ihre Prioritäten, ihr Kind, ihre Bedürfnisse. Ich komme immer zu kurz. Ich kann es ihr nie recht machen und möchte das auch nicht mehr. Angeblich mag sie keine Konflikte, aber sie verursacht sie durch ihr ständiges

Nörgeln und ihre Debatten. Ich fühle mich dauernd in der Warte- und Beobachterrolle. Ich soll das Tempo und das Programm bestimmen, sie pushen, ihr Leben organisieren und Verantwortung für alle übernehmen. Danach heißt es: Du bist nicht genug. Je mehr ich tue, desto weniger genüge ich. Ich fühle mich emotional und körperlich kapituliert, abgekämpft, verbraucht, resigniert, ausgelaugt. Wie schaffe ich es, meine Lebendigkeit und Strahlkraft wiederzuerlangen? Mich emotional zu emanzipieren? Es liegt in meiner Verantwortung, für meine Gesundheit und Wohlbefinden zu sorgen. Ich muss in die Arbeit und Kreativität fliehen, um Sinn in mir selbst zu finden. Ich lasse mich nicht mehr instrumentalisieren, reinziehen. Ich nehme sie nicht mehr in Schutz vor unseren Eltern und halte ihr den Rücken frei, weil sie die kleinere, zerbrechlichere, schwächere Schwester ist, die meinen Schutz braucht. Alle sind im Doppelpack. Mama hat den Papa. Meine Zwillingsschwester hat das Kind. Dieses Haben des anderen basiert auf Zwängen und Abhängigkeiten und ist nicht für die Ewigkeit. Eigentlich hat man nur sich. Durch die Konflikte habe ich vermehrt das Gefühl, nicht präsent zu sein, neben mir zu stehen, mich nicht fühlen zu können. Nicht zu wissen, was ich brauche. Ob ich Hunger oder Durst habe oder müde bin. Ich fühle mich fremdgesteuert, ausgeliefert, gelähmt. Ob Distanz, Rückzug und Ruhe helfen würden, in das Gefühl der emotionalen Souveränität zurückzukommen? War ich überhaupt jemals bei mir? Müsste ich den Kontakt zu meiner Zwillingsschwester und meinen Eltern drastisch reduzieren, ein formal-freundschaftliches Verhältnis aufrechterhalten – keine gemeinsamen Urlaube und kein gemeinsames Weihnachten mehr – um bei mir zu sein? Vielleicht brauche ich dann auch keine Urlaube und kein Weihnachten mehr, weil ich einfach glücklich bin.

Über das Dasein als Zwilling und das Teilen der Magersucht

Ich habe mir viele Gedanken über das Zwillingsdasein gemacht, denn ich habe meine Magersucht mit meiner Zwillingsschwester geteilt. Damit sind viele existenzielle Themen verknüpft:

Geburt, Tod, Leben, Leiden, Alleinsein, Teilen, Mit-Teilen, Mit-Leiden, Suche nach Identität, Abkapselung, Trennung, Zweisamkeit, Einigkeit, Verschmelzung, Getrennt-Sein, Ich, Du, Wir, selbständig sein, Souveränität, Überwindung von Grenzen und inneren Schranken, sich etwas trauen lernen, sich etwas zumuten, Grenzen respektieren, Prioritäten setzen, Entscheidungen allein treffen lernen. Sich selbst teilen. Verschmelzen mit dem anderen, wenn sich die Konturen des Einen in den Anderen verlieren und verwischen, wenn sie verwackeln. Suche nach dem Verwandten und doch Unterschiedlichem. Die Unterschiede machen die Identität eines Zwillings aus, je unterschiedlicher, desto eigenständiger. Und gleichzeitig kommt man allein mit sich selbst doch nicht so gut klar. Alles vergleichen. Alles im Doppelpack. Bezüge, Zusammenhänge, Parallelen herstellen. Empathie, Sich-Hinein-Versetzen-Können, Altruismus. Seelenverwandtschaften: Die Suche nach der verlorenen Seele in sich oder die Suche nach der anderen Hälfte, die weit weg ist. Getrenntsein und Verbindung, Symbiose. Gegensätzliches, Komplementäres, Ambivalenz. Ängste und Zwänge, Flucht, panische Angst vor Krankheiten.

Trennung, bis jede von uns ihre eigene Unsicherheit, Einsamkeit und ihre Neurosen auf ihre eigene Art in den Griff bekommt. Anders sein: Künstlich alles ändern und über den Haufen werfen. Suche nach Freiheit, aus Angst sich im anderen zu verlieren. Anziehung und Abstoßung zugleich, Liebe-Hass-Beziehungen, alles dreht sich um das Gegenüber und seine Bedürfnisse. Nähe und Distanz: Sobald es um Nähe ging, fühlte sich die Nähe zu weit weg an und die Ferne war begehrenswerter. Autonomie über den eigenen Körper, Selbstkontrolle, Selbstverlorenheit. Künstlerische Egozentrik, Suche nach sich selbst im künstlerischen Prozess.

Silent Escape

Mangel aus der frühen Kindheit: Wer wird von Mama bevorzugt? Überlebenskampf untereinander, Konkurrenzkampf um die Liebe der Mutter.

Altes Muster: Nur wenn ich krank bin, kriege ich die Liebe meiner Mutter, nach der ich mich so sehne. Meine Liebe für meine Zwillingsschwester und Mama ist bedingungslos. Silent Escape durch Immer-krank-sein-wollen.

Ich habe meine Zwillingsschwester vor Übergriffen beschützt. Wenn ich jemanden beschütze, fühle ich mich sicher, stark, machtvoll, ganz, heil. Wer aber hat auf mich aufgepasst? Wann darf ich mich schwach und verletzlich fühlen? Brauche ich ein Kind, um wieder jemanden zu beschützen?

Meine Hormone sind nicht im Gleichgewicht. Mein Körper signalisiert mir, dass ich kein Baby haben kann.

Stimme der Eltern: „Du darfst nicht in Deine Kraft gehen, sonst wirst Du nicht geliebt, sonst brauchst Du uns nicht."

Wenn es „normal" ist, nicht in der Selbstliebe zu sein, dann bin ich nicht normal. Was heißt „normal" für meine Eltern? Stimme des Vaters „Du bist nicht normal." Stimme der Mutter: „Es ist alles in Ordnung, wir sind in Sicherheit."

Im Außen (in meinem Business) werde ich immer radikaler, warum nicht in meinem Körper? Erst muss ich mich selbst bedingungslos lieben, bevor mir mein Körper ein Baby schenkt. Erst werde ich die Kinder los, die nicht meine sind.

Gespräch zweier Ungeborener (Meine Zwillingsschwester und ich)

Im Bauch einer schwangeren Frau unterhielten sich zwei Babys.

Eines fragte das andere: „Glaubst du an das Leben nach der Geburt?"

„Natürlich. Es gibt definitiv ein Leben nach der Geburt! Vielleicht sind wir hier, um uns auf das vorzubereiten, was nachher kommt."

„Unsinn! Es gibt kein Leben nach der Geburt! Wie könnte das Leben nach der Geburt sein?"

„Ich weiß es nicht, aber es wird sicherlich mehr Licht geben als hier. Vielleicht werden wir auf unseren eigenen Beinen gehen und uns durch den Mund ernähren."

„Das ist absurd! Es ist unmöglich, auf eigenen Beinen zu stehen. Und wie könnten wir uns durch den Mund ernähren, das ist lächerlich. Wir ernähren uns durch die Nabelschnur. Siehst du, was ich dir sage: Es gibt kein Leben nach der Geburt. Die Nabelschnur ist viel zu kurz."

„Ich denke jedoch, dass es eines gibt. Und vielleicht ist es etwas anders als das, an das wir hier gewöhnt sind."

„Aber niemand ist von dort nach der Geburt zurückgekehrt. Die Geburt ist das Ende des Lebens. Tatsächlich ist das Leben nichts anderes als ein Dasein in der Dunkelheit, das nirgendwohin führt."

„Gut, ich weiß nicht, was nach der Geburt sein wird, aber sicherlich werden wir unsere Mutter sehen und sie wird sich um uns kümmern."

„Mutter? Glaubst du an MAMA? Und wo denkst du, ist sie?"

„Wie, wo? Überall um uns herum. In ihr leben wir und durch sie werden wir ernährt. Ohne sie würde die Welt nicht existieren."

„Ich glaube das nicht! Ich habe Mama nie gesehen, also ist es logisch, dass sie nicht existiert."

„Nun ja, manchmal, wenn es ruhig ist, kannst du sie singen hören und spüren, wie sie uns streichelt. Weißt du, ich denke, dass es ein echtes Leben gibt, das auf uns wartet und auf das wir uns jetzt vorbereiten."

Vielleicht ist das eine der besten Erklärungen für das Konzept GOTT.

Eine Liebeserklärung
an meinen Körper

Mein lieber Körper, ich bin so stolz auf dich, wie du diese schwere Krankheit weggesteckt hast. Das Hungern, die Abstürze, die Ängste, den Stress. Die permanente Psychosomatik, seitdem ich auf der Welt bin. Die ständigen Selbstzweifel, ob du doch was haben könntest. Ja, du hast jetzt Narben: Cellulitis, Pigmentflecken, Zipperlein. Man sieht dir an, was du durchgemacht hast. Wie du gekämpft hast. Du bist nicht mehr makellos und perfekt. Aber trotzdem liebe ich dich von ganzem Herzen. Ich bewundere dich und bin stolz auf dich. Wie oft führen wir Frauen einen Kampf gegen unseren Körper. Sind unglücklich und unzufrieden über seine angeblichen Makel. Dabei ist er so ein unglaubliches Wunderwerk der Natur, das sich nach unserer Aufmerksamkeit, Liebe und Wertschätzung sehnt.

Es geht darum, sich uneingeschränkt zu würdigen, wertzuschätzen und anzuerkennen. Ich muss keinem meinen Wert unter Beweis stellen oder gar meine Existenz rechtfertigen. Es reicht schon, dass ich am Leben bin. Ich bin am Leben, jung, gesund, schön, mutig. Mein Körper schützt mich vor Gefahren. Er ist dankbar für meine Liebe und Fürsorge. Er holt sich, was er braucht. Er zeigt, wenn ihm etwas nicht passt.

Meine Kreativität rettet mich. Ich lebe davon und gleichzeitig dafür. Ob der Preis nicht zu hoch ist, ob ich nicht meine Gesundheit zugunsten meines Lebenstraums, der Mode, opfere? Ich schau mir genau die Menschen in meinem Umfeld an. Rückschläge sind kein Grund aufzugeben. Ich verzichte bewusst auf alles, was mühsam ist. Ich bin nicht für alles und alle da. Ich bin mit weniger zufrieden. Ich freue mich über meine Erfolge. Ich meide unklare, wackelige Absprachen, undefinierte Verhältnisse, um mehr Stabilität für mich durchzusetzen. Feste, positive Rituale bringen mir Ruhe und Vertrauen. Ich reduziere das Drama, meine Verantwortung und den Erfolgsdruck von innen.

Warum fühle ich mich in meinem Körper so wohl? Er ist ein Wunderwerk der Natur. So widerstandsfähig. So dankbar. So unglaublich intelligent. Er hat so viel Kraft und Resilienz. Er hat mir alles verziehen, was ich ihm angetan habe. Ich kann mit ihm jederzeit sprechen und er hat ein offenes Ohr. Zum Schluss war bei allen Arztuntersuchungen doch alles gut.

Und zuallerletzt...

... habe ich einige positive Affirmationen für Dich kreiert.

Mein Körper trägt mich.

Ich bin völlig normal.

Ich bin einzigartig, ein Unikat.

Es ist alles in Ordnung in meiner Welt.

Es ist, wie es ist; es kommt, wie es kommt und das ist gut so.

Ich bin vollkommen gesund, lebendig und vital.

Es ist schön, dass ich am Leben bin.

Ich bin nicht mehr ausgeliefert, hilflos, ohnmächtig.

Das Leben passiert in mir.

Mein Herz weiß Bescheid.

Ich bin vollkommen beschützt und in Sicherheit.

Ich lasse mich fallen, weil ich von Gott getragen werde.

Mir kann nichts Schlimmes passieren.

Gott ist mein Arzt, er wird mich von allem heilen.

Ich bin geheilt. Ich heile mich selbst. Ich brauche keinen Arzt.

Ich sorge für mich bestens. Ich tue nur Dinge, die gut für meine Seele sind. Ich liebe mich selbst.

Es ist schön, dass es mich gibt.

Ich werde geliebt und gebraucht. Ich verdiene meinen Erfolg und dass es mir gut geht. Ich vertraue mir und meiner Kraft.

Ich liebe dich, mein Herz.

Amen.

ÜBER PAULINA TSVETANOVA

Paulina stürzt regelmäßig in Langstreckenflugzeugen ab, überlebt sie aber trotzdem, dank Fernweh und Sehnsucht nach der Heimat. Sie ist dort zu Hause, wo sie gerade ist. Sie vertraut blind dem (glücklichen) Zufall. Wenn sie nicht Bücher schreibt, schleppt sie Koffer mit Übergepäck, in denen sie Stoffe aus exotischen

Ländern schmuggelt. Die Stoffe erzählen eine Abenteuergeschichte, an die man sich am Sterbebett erinnern kann. Dafür scheitert die promovierte Kunsthistorikerin regelmäßig an den banalsten Dingen im Alltag und darf sich inzwischen Chaosexpertin für Fuck-ups nennen. Sie ist bereits mehrere Tode gestorben. Die ehrenamtliche Sterbebegleiterin gründete aus Lebenshunger PAULINA'S FRIENDS. Nach einigen Umwandlungen wurde aus der Zufallswerkstatt, anfangs ein Concept Store für zeitgenössische Kunst, Design und Vintage Mode, ein internationales Mode-Couture-Haus. Wie alles anfing? An einem grauen, verregneten Nachmittag setzte sich Paulina mit einem weißen Blatt Papier hin und stellte sich drei einfache Fragen: Was liebe ich am meisten? Wofür bin ich da? Warum will ich leben? Seitdem lebt Paulina kompromisslos ihren Kindheitstraum, Modeschöpferin zu sein. Sie empowert Frauen, indem sie sie auf großen Modebühnen in Role Models verwandelt und setzt sich mit Herzblut für Humanität in der Modeindustrie ein.

Website: www.paulinasfriends.com

Online Shop: https://paulinasfriends.
myshopify.com/

Facebook: https://www.facebook.com/
paulinasfriends

Instagram: https://www.instagram.com/
paulinasfriendsfashion

Youtube: https://www.youtube.com/Paulina
Tsvetanova

II. **Der Aromen-Code**

von Christina Wallintin

Vorwort

Es war ein warmer Tag im Sommer, als ich vor dem Spiegel stand und mein Spiegelbild betrachtete. Meine Augen fielen auf die einzelnen Partien meines Körpers und ich sah die Spuren eines jahrelangen Kampfes gegen meinen eigenen Körper. Wie oft habe ich mich hier schon wiedergefunden? Wie oft habe ich mir vorgenommen, diese Kämpfe zu beenden und doch wieder nachgegeben? Und wie oft wollte ich den Schmerz beenden und in den Frieden mit mir und meinen Emotionen kommen?

Mein Name ist Christina, und ich erzähle Dir meine persönliche Geschichte mit dem Ursprung, dem Umgang und der Heilungsreise des emotionalen Essens.

Dieses Buch ist für Dich, wenn Du Dich gerade nicht annehmen kannst, wie Du bist und den kontinuierlichen Druck in Dir spürst, Dich immer wieder körperlich und persönlich optimieren zu müssen. Ein Upgrade Deiner Person, weil es Dir schwer fällt Dich als die Person zu akzeptieren, die Du heute bist.

Jede Zeile ist für Dich, wenn Du das Gefühl hast, immer mehr geben und tun zu müssen, als das, was Du bereits leistest, weil Du denkst, dass es noch nicht gut genug ist.

Es ist für Dich, wenn Du bereits weißt, was Du verändern willst, wie Du Dich zukünftig fühlen willst, aber Du nicht weißt, wo Du beginnen sollst und wie Du es in der schnelllebigen Zeit und Deinem herausfordernden Alltag umsetzen kannst.

Und es ist für Dich, wenn Du Deinen persönlichen Weg in all den Möglichkeiten finden willst und die Vielfalt darin einen Spaghettiknoten in Deinem Kopf verursacht.

Kennst Du das Gefühl – die meisten Menschen um Dich herum scheinen schöner, erfolgreicher, glücklicher zu sein? Sie machen ganz viel richtig und Du scheinbar vieles falsch? Sie werden belohnt und Du fühlst Dich bestraft vom Leben? Viele Jahre meines Lebens habe ich nicht verstanden, was mit mir passierte. Ich lebte nicht mein Leben, sondern das Leben lebte mich.

Ich biete Dir hier einen Einblick in meine persönliche Geschichte und gebe Dir auch praktische Tipps und Übungen, die Dir helfen können, Deine eigenen emotionalen Essgewohnheiten zu erkennen und anders zu handeln. Durch ehrliche und transparente Erzählung lade ich Dich ein, Dich selbst zu reflektieren und den Mut zu finden, den ersten Schritt auf dem Weg zur Heilung zu gehen.

Wichtig für mich zu erwähnen ist, dass die Symptome für jeden individuell sein können. Meine Erfahrungen sind nicht universell und jede Person kann unterschiedlich auf das Thema des emotionalen Essens reagieren.

Bitte denke immer daran:

„Du bist nicht nur ein Tropfen im Ozean, sondern auch der ganze Ozean in einem Tropfen."
(Rumi)

Ich will mich noch bei einer ganz besonderen Person bedanken und das bist Du. Denn Du hast Dich dazu entschieden, dieses Buch zu kaufen, in Dich und Deine wertvolle Zeit zu investieren und sitzt jetzt hier und nimmst Dir den Raum für Dich, dieses Buch zu lesen. Und jetzt wünsche ich Dir viel Spaß dabei.

Emotionales Essen – zwischen Teller und Gefühlswelt

Emotionen sind physiologische, automatische und unmittelbare Reaktionen des Körpers auf bestimmte Reize (zum Beispiel auf die Umgebung oder andere Ereignisse) und können körperliche Veränderungen wie beschleunigten Herzschlag, Schwitzen, erhöhte Atmung oder Muskelspannung verursachen. Sie werden als grundlegende und universelle Reaktionen betrachtet, die angeboren und allen Menschen gemeinsam sind.

Dazu gehören zum Beispiel:

Angst: Dein Herz beginnt schneller zu schlagen und Dein Atem wird flacher, wenn Du plötzlich ein lautes Geräusch hörst.

Freude: Ein Lächeln breitet sich automatisch auf Deinem Gesicht aus, wenn Du ein unerwartetes Kompliment erhältst.

Wut: Deine Muskeln spannen sich an oder Deine Hände ballen sich zu Fäusten, wenn Dich jemand verärgert.

Traurigkeit: Tränen steigen in Deine Augen, wenn Du an eine schmerzhafte Situation denkst oder eine traurige Nachricht erhältst.

Gefühle hingegen entstehen durch unsere Wahrnehmung, Interpretation und Verarbeitung von Emotionen und beruhen auf individuellen Überzeugungen und Erfahrungen. Sie sind individuell, subjektiv und erfordern eine bewusste Reflexion und Bewertung der Emotionen.

Jetzt weißt Du, was ich meine, wenn ich über Emotionen und Gefühle spreche. Dieses Buch schenkt Dir einen einfühlsamen Blick auf das Thema des „emotionalen Essens" – etwas, das uns alle betrifft, wenn wir uns der Verbindung zwischen dem, was auf unserem Teller liegt, und dem, was in uns vorgeht, bewusstwerden.

Emotionales Essen ist ein weit verbreitetes Phänomen, das oft unterschätzt wird. Es ist nicht nur eine Frage von Hunger und Sättigung, sondern oft auch ein Ausdruck von emotionalen Bedürfnissen und Stressbewältigung. Für viele Menschen, wie auch für mich, führt es zu einem ständigen Kampf um das ideale Gewicht, selbst wenn die Zahlen auf der Waage im gesunden Bereich liegen.

Wir tauchen ein in die Verbindungen zwischen Emotionen und Essverhalten und erkunden die Wurzeln von emotionalen Essgewohnheiten. Begleite mich auf eine Reise durch die vielschichtige Welt des Essens, wo Geschmack nicht nur eine sensorische Erfahrung ist, sondern auch ein Spiegelbild unserer innersten Emotionen.

Die reine Nahrungsaufnahme ist der grundlegende Prozess, bei dem der Körper Nährstoffe aufnimmt, um Energie zu gewinnen und lebenswichtige Funktionen aufrechtzuerhalten. Das geschieht in der Regel, wenn unser Körper Hunger signalisiert und der Magen knurrt. Im Gegensatz dazu steht das emotionale Essen, bei dem wir Lebensmittel als Reaktion auf emotionale Bedürfnisse zu uns nehmen.

In einer Welt, in der wir uns von einer Mahlzeit zur nächsten bewegen, hat Essen längst seine Rolle als bloße Nahrungsaufnahme überstiegen. Essen ist zu einer Schnittstelle zwischen dem Teller und der eigenen Gefühlswelt geworden, wo Emotionen auf den Gabeln tanzen und jeder Bissen eine Geschichte erzählt. Es fungiert oft als ein Platzhalter für Emotionen, die vermieden oder unterdrückt werden. Es ist einfacher, zu Nahrungsmitteln zu greifen, um uns vor unangenehmen Gefühlen zu schützen, statt uns mit den Emotionen auseinanderzusetzen.

Wir suchen nach einem schnellen Trost oder einer kurzfristigen Ablenkung vor den eigenen Herausforderungen. Essen bietet häufig ein vorübergehendes Gefühl von Wohlbefinden. Denn wir wissen: Essen ist Liebe.

Es beginnt als Baby mit der Muttermilch und den damit verbundenen Gefühlen der Geborgenheit, der Verbundenheit und der Sicherheit. Dem Vertrauen beschützt zu sein und dem Wissen, dass alles gut wird. Essen ist also nicht nur eine biologische Notwendigkeit; es ist auch eine Quelle emotionaler Verbindungen und Erinnerungen. Die enge Verbindung zwischen Emotionen und Nahrung ist tief verwurzelt und beeinflusst unser tägliches Leben auf vielfältige Weise.

Es wird auch häufig als Ausdruck von Liebe und Fürsorge betrachtet. Essen zubereiten und teilen kann starke familiäre Bindungen schaffen. Von der morgendlichen Tasse Kaffee bis zum reichhaltigen Abendessen am Sonntag – Essen dient als Mittel, um Liebe auszudrücken und Beziehungen zu stärken.

Stell dir vor, Deine Gefühle sind wie ein See. Normalerweise ist dieser See ruhig und klar. Aber manchmal, wenn starke Emotionen wie Stress, Traurigkeit oder Langeweile auftauchen, beginnt es zu regnen. Jeder Tropfen, der auf die Oberfläche fällt, erzeugt eine kleine Welle. Diese Wellen werden größer und größer, bis der See wild und unruhig wird.

In diesem Moment beginnt es häufig. Es ist als würde jemand einen Staudamm öffnen, um den Druck des Wassers zu verringern. Das Essen ist der Weg, mit dem eine Person versucht, mit den starken Emotionen umzugehen. Jeder Bissen ist wie ein Moment der Beruhigung, aber ein trügerischer, denn er bleibt nur temporär. Sobald das Essen aufgebraucht ist, kehren die starken Gefühle zurück und der Zyklus beginnt von neuem. Wie der Regen, der auf den See fällt, dürfen wir lernen, mit unseren Emotionen auf eine dienlichere Weise umzugehen, damit der Sturm des Sees sich wieder beruhigen kann.

Die Facetten, in denen emotionales Essen ausgelöst werden kann, sind so vielfältig wie die einzelnen Farbnuancen.

Einige Auslöser hierfür sind:

Stressbewältigung: In stressigen Situationen zu Süßigkeiten zu greifen, um Stress abzubauen und Entspannung im Körper auszulösen.

Ablenkung bei Langeweile: Bei Langeweile oder Einsamkeit wird Essen auch als Ablenkung und Zeitvertreib genutzt, um sich zu beschäftigen oder Emotionen zu überdecken.

Frustessen bei Misserfolgen: Nach einem Misserfolg aus Frust zu ungesunden Snacks zu greifen, um die Enttäuschung zu mildern.

Gewohnheit: Der Griff zu Snacks wird zu einer automatischen Reaktion auf verschiedene emotionale Zustände, ohne bewusst darüber nachzudenken.

Essen bei Unsicherheit: In unsicheren Situationen oder vor wichtigen Entscheidungen wird nervös gegessen, um Stress zu bewältigen.

Kindheitserfahrungen: Die Art und Weise, wie wir als Kinder mit Essen und Emotionen umgegangen sind, kann später im Erwachsenenalter einen Einfluss auf das emotionale Essverhalten haben.

Viele Menschen essen nicht aus Genuss, sondern aus emotionalen Gründen und bedienen damit eine Strategie. Sie versuchen, unangenehme Gefühle zu betäuben oder zu unterdrücken und Trost in Essen durch vorübergehendes Wohlbefinden zu finden. Es dient auch als Ablenkung, um sich temporär von den eigenen Gefühlen abzulenken und die Aufmerksamkeit auf etwas zu lenken, das vorübergehende Befriedigung bietet. Emotionales Essen kann auch der Versuch sein, eine innere Leere zu füllen. Menschen können das Gefühl haben, dass ihnen etwas fehlt oder dass ein emotionales Loch in ihnen vorhanden ist, dass sie mit Essen zu füllen versuchen. Das Muster kann besonders in Momenten auftreten, in denen sie sich einsam, ungeliebt oder unerfüllt fühlen.

Wenn wir essen, um zu leben, statt leben, um zu essen, verschiebt sich der Fokus weg von der reinen

Befriedigung der Emotionen hin zu einer bewussten Nahrungsaufnahme, um den Körper die Energie zu geben, die er benötigt, um optimal zu arbeiten. Wir lernen, die Signale des Körpers zu erkennen und auf sie zu reagieren, anstatt automatisch auf emotionale Auslöser mit Essen zu reagieren. Es kann von verschiedenen Symptomen begleitet sein, die auf ein undienliches Essverhalten und eine ungesunde Beziehung zum Essen hinweisen.

Hier sind einige Symptome:

Essen ohne echten Hunger: Das Essen als Reaktion auf emotionale Bedürfnisse oder, um negative Emotionen zu bewältigen, unabhängig von einem tatsächlichen Hungergefühl.

Kontrollverlust: Das Gefühl, nicht mit dem Essen aufhören zu können, selbst, wenn das Sättigungsgefühl bereits eingetreten ist. Es kommt das Gefühl auf, die Kontrolle über das Essverhalten zu verlieren.

Verstecktes Essen: Heimliches Essen oder das Verbergen des Essenskonsums aus Scham oder Schuldgefühlen.

Essanfälle: Es werden große Mengen an Nahrung in kurzer Zeit verzehrt.

Zunahme an Körpergewicht: Langfristige unkontrollierte Essmuster können zu Gewichtszunahme führen.

Es ist wichtig zu verstehen, dass das Essen in diesem Prozess nicht wirklich das Problem löst. Es ist nur eine vorübergehende Ablenkung, die nicht langfristig hilft. Wie der Regen, der auf den See fällt, dürfen wir Step by Step lernen, mit unseren Emotionen auf eine gesündere Weise umzugehen, damit sich der See wieder beruhigen kann.

Meine persönliche Achillesferse in der alltäglichen Herausforderung der Selbstbeherrschung ist Kuchen. Es gibt wenige Dinge, die so anziehend und gleichzeitig schwierig für mich sind wie diese süße Leckerei. Kuchen ist eine Verlockung, die meine Willenskraft herausfordert, sobald mein innerer Stresspegel hoch ist und ich inmitten von chaotischen Tagen einen Trostspender in glänzender Rüstung darin sehe.

Ein weiteres Beispiel ist der Sonntagsblues. Während die Stunden des Tages wie zäher Sirup vergehen, fühlen wir uns wie ein gestrandeter Seemann auf einem ruhigen Meer, ohne Wind in den Segeln oder ein Ziel am Horizont. Und, wenn wir uns in einem Strudel der Untätigkeit verlieren und nichts mit uns anzufangen wissen, werden der Kühl- oder Vorratsschrank plötzlich zu attraktiven Objekten.

Innerer Stress ist ein mächtiger Magnet, der uns zu unseren kulinarischen Trostquellen zieht. Plötzlich erscheint der Gedanke an einen saftigen Schokoladenkuchen, einen Berliner mit Guss oder eine himmlische Apfeltorte so verlockend, dass ein Teil von uns dem Ruf nur schwer widerstehen kann. Und genau hier liegt das Dilemma: Je mehr wir uns dem Stress unbewusst hingeben, desto stärker wird der Drang nach einem Trost durch Essen.

Es ist eine endlose Spirale, in der Stress und Verlangen sich gegenseitig befeuern und wie bei einem Tauziehen darum kämpfen zu gewinnen.

Die Anfänge: Verknüpfungen in der Kindheit

Fühlen ist Lebendigkeit.

Fühlen ist Glückseligkeit.

Fühlen ist Verbindung.

Fühlen ist Liebe.

Es ist das Tor zu so vielem.

Für mich einer der Schlüssel für Fülle.

Das erforderliche Puzzleteil zur Erfüllung von Manifestationen.

Doch was, wenn Du Erfahrungen in Deinem Leben sammelst, die dazu führen, dass Du enttäuscht oder verletzt wirst, weil Du etwas fühlst? Oder Dich falsch fühlst?

Es gibt einen Fall, ohne Sicherheitsnetz.

Und diese Enttäuschungen hinterlassen einen Schmerz, eine tiefe Wunde, bei der Du nicht weißt, wie Du damit umgehen sollst.

Und dieser Schmerz wiederum bringt eine tiefe Angst in Dir hervor, vor der Du flüchten willst. Oder vor der Du bereits davonläufst, seit es passiert ist.

Unsere Welt ist schnelllebig und ambivalent, gefühlt bleibt keine Zeit für Momente der Einkehr und Reflektion. Es steht so viel an, so viel ist zu erledigen. Also versprichst Du Dir, dass Du Dich dem widmest, wenn die Zeit dafür da ist, wenn Du mehr Raum dafür hast, zur Ruhe kommst. Am Wochenende, im nächsten Urlaub, abends vor dem Schlafengehen.

Und Du klebst ein Pflaster auf die Wunden und den Schmerz, der entstanden ist. Du denkst, es wird halten und heilen. Doch die Krux daran ist, dass Du eine Wunde versorgst, die unter der Oberfläche aktiv ist und weiterhin vor sich hin eitert. Und es dauert nicht lange, bis Du das Sprichwort ‚Zeit heilt alle Wunden' von jemandem hörst.

Kennst Du etwas davon? Ich schon, denn das ist meine Geschichte. Deshalb nehme ich Dich mit auf eine Zeitreise, zurück in meine Vergangenheit. Denn dort fand meine persönliche Geschichte des emotionalen Essens ihren Ursprung.

Ich nehme Dich mit und zeige Dir meinen Weg durch diesen Prozess hindurch. Wie ich erkannt habe, was mit mir und meinem Körper passiert und wo alles begann.

Es gibt keine Zufälle, Du liest dieses Buch aus einem bestimmten Grund. Ich weiß, wie Du Dich fühlst. Ich verstehe Dich. Ich fühle Dich, in Deinem Schmerz und Deinen Unsicherheiten. Ich weiß, wie Du über Dich denkst, wie stark das Bedürfnis ist, Dich zu verstecken und die Bettdecke über den Kopf zu ziehen.

Erinnerungen an die eigene Kindheit sind oft wie eine Truhe voller kostbarer Schätze. Doch für einige Menschen bleibt diese Truhe für lange Zeit verschlossen. Auch ich erinnere mich erst seit ein, zwei Jahren wieder an die Zeit vor meinem neunten Lebensjahr. Ich fand den eingestaubten Schlüssel zu meiner Truhe wieder und konnte die bunten Erinnerungen meiner Kindheit neu entdecken. Der Weg, wie ich dorthin zurückkam, war, wie bei den meisten Menschen, ein längerer Prozess, der mit Schmerz, Trauer und verdrängten Gefühlen versehen war.

Bereits als Kind war ich feinfühlig und nahm die Stimmungen und Energien der Menschen in meinem Umfeld wahr und saugte sie auf. Und ich weiß, dass ich anders war als die Kinder um mich herum, weil ich mich für andere Themen interessierte. Ich gab mich nicht einfach mit Situationen zufrieden, sondern wollte den Sinn verstehen. Ich wollte das Warum hinter dem Warum einer Aussage verstehen – also das, worum es wirklich ging. Und damit stieß ich bei den Kindern meines Alters auf viele Fragezeichen und Irritationen, ich fühlte mich missverstanden, ausgeschlossen und alleine. Wie ein Alien auf einem fremden Planeten, der die falsche Sprache spricht. Dabei war ich ständig von Gleichgesinnten meines Alters umgeben. Auch die Erwachsenen führten keine tiefgründigen Gespräche mit mir, weil sie der Überzeugung waren, ich sei noch ein Kind und, dass Kinder sorgenfrei durchs Leben gehen sollten und die Verantwortung für das Leben schon früh genug käme.

So gesehen stieß ich auf meiner Reise als Kind immer wieder auf Zweifel und Skepsis, sowohl bei Kindern als auch bei Erwachsenen. Und das war für mich irritierend, weil ich nicht verstanden habe, warum das so ist. So zu denken und zu fühlen war meine Natürlichkeit. Und damit eckte ich an.

Und dann gab es einen bestimmten Moment in meinem Leben, als ich drei oder vier Jahre alt war und eine Puppe in der Hand hielt, mit der ich spielte.

Ich betrachtete ihr maskenartiges Gesicht, bewegte ihre Arme und Beine hin und her, flocht einen Zopf aus ihrem langen Haar und entschied mich auf einer tiefen, unbewussten Ebene dafür, dass ich so sein wollte wie sie. Denn Puppen waren niedlich, anpassungsfähig und die Menschen, die ich kannte, reagierten positiv auf sie, lachten und spielten mit ihnen. Ich entschied mich dazu, mich zu verändern, weil ich dachte, dass ich so wie ich war, falsch war.

Zu diesem Zeitpunkt speicherte sich eine Programmierung in meinem System ein, die ich in dem Alter nicht bewusst wahrnehmen oder verstehen konnte. Ich begann mich anzupassen, setzte mir Masken auf und kopierte die Verhaltensweisen, die Körpersprache und Gesichtsausdrücke vieler Menschen um mich herum. So oft wie nötig und so häufig wie möglich, um endlich mein Ziel zu erreichen: dazuzugehören. Endlich genug zu sein, endlich richtig zu sein, endlich die Stille in mir zu finden. Die Suche nach der unbekannten Konstante kostete viel Kraft, denn es war ein Ziel ohne Ankommen, ohne klare Richtung. Wie bei einem Schiff, das dem Wellengang des Ozeans ausgeliefert ist.

Was ich damals tat, aber erst vor wenigen Jahren wirklich verstand, war: Ich kappte die Verbindung zu mir, meinen tiefen Emotionen und meinem wahren Kern. Und was blieb, war mein Körper als leere Hülle. Denn das, was mich auszeichnete, war sicher in einer goldenen Kiste versteckt und durch Sicherheitsmechanismen geschützt. Und Du kannst dir bestimmt vorstellen, dass es sich von dort an in meinem Leben durchzog wie ein roter Faden.

Ich spürte damals, dass ich etwas Wichtiges verloren hatte, wusste aber nicht genau was und begab mich auf die Suche nach dem Goldschatz in der verschlossenen Truhe. Sie lag direkt vor mir, aber ich konnte sie nicht öffnen, weil der Schlüssel auf einmal nicht mehr passte.

Und in einem schleichenden Prozess, als ich älter wurde, fand ich Trost im Essen. Es war wie eine warme Umarmung für meine Seele, ein Zufluchtsort inmitten der ganzen Emotionen, mit denen ich überfordert war. Jeder Bissen wuchs zu einem Moment des Glücks, der die Sorgen des Alltags für einen kurzen Moment vergessen ließ.

Essen war ein zentraler Bestandteil unseres Familienlebens. In unserer Küche lag oft der Duft von frisch gebackenem Kuchen, Keksen, Brot und saftigen Braten in der Luft. Als das Nesthäkchen der Familie fühlte ich mich häufiger übersehen und unverstanden. Meine Eltern waren liebevoll und gaben ihr Bestes, aber sie waren viel beschäftigt. Sie jonglierten mit Arbeit, Hausbau, Haushalt und der Erziehung von uns lebhaften Kindern.

Und so wurde das Essen unbewusst zu meiner emotionalen Rettungsleine, auf die ich mich verlassen konnte. Wenn ich mich niedergeschlagen oder allein fühlte, wandte ich mich dem Kühl- oder Vorratsschrank zu, auf der Suche nach Trost und Geborgenheit. Ein Stück Schokolade hier, ein paar Kekse dort. Es war wie eine kleine Belohnung für meine verletzliche Seite. Es war eine Verbindung zu meinem inneren Selbst, eine Möglichkeit, meine Gefühle auszudrücken, wenn mir die Worte fehlten.

Das Ergebnis davon war sichtbar, ich war bereits als Kind übergewichtig. Das war eine Erfahrung, die Spuren hinterließ, als die Ärzte mir sagten, dass ich für mein Alter zu viel wog und abnehmen sollte. Mein Gewicht war also mehr als nur ein ästhetisches Thema. Es war eine zusätzliche Last, die ich jeden Tag mit mir herumschleppte und die mein Selbstwertgefühl beeinträchtigte. So, wie ich war und aussah, war ich nicht richtig. Während meine Freunde sorglos spielten, war ich oft mit Selbstzweifeln und Schamgefühlen beladen.

Es war der Schmerz der Einsamkeit, wenn ich mich von anderen isolierte, aus Angst vor Verurteilung oder Ablehnung. Jeder Blick, jedes Wort und jede Geste schienen darauf hinzuweisen, dass mein Körper falsch war, dass ich so, wie ich war, erneut nicht gut genug war. Ich fühlte mich gefangen in einem Körper, den ich nicht kontrollieren und einem Selbstbild, das ich nicht akzeptieren konnte. Die Zahl auf der Waage wurde von dort an zu einem ständigen Begleiter in meinem Leben.

Die Entfaltung des Bewusstseins: Eine Reise der Selbstentdeckung

Du kennst bestimmt das Sprichwort:
„Wir sind, was wir denken. Alles, was wir sind, entsteht aus unseren Gedanken. Mit unseren Gedanken formen wir die Welt." (Buddha)

Und es stimmt: Gedanken sind mit einer Energie verbunden und haben einen großen Einfluss darauf, wie Du Dich in Situationen fühlst. Wusstest Du, dass wir als Kinder unser Bewusstsein schrittweise entwickeln und als Säuglinge und Kleinkinder bis schätzungsweise drei Jahren kein eigenes Filtersystem für „wahr" und „unwahr" und damit kein Bewusstsein haben?

In den ersten Lebensmonaten sind wir stark auf unsere eigenen Bedürfnisse und die Umgebung um uns herum fokussiert, welche wir vorwiegend durch unsere fünf Sinne (sehen, schmecken, hören, tasten und riechen) wahrnehmen. Die Koordination von Bewegungen und die Wahrnehmung von Reizen bilden dabei die Grundlage für die sensomotorische Entwicklung. Und durch das Greifen nach Gegenständen, die Erkundung unserer Umgebung und die Entwicklung von grundlegenden motorischen Fähigkeiten beginnen wir, unsere eigene Existenz in der Welt zu begreifen.

Im Kleinkindalter wächst unser Bewusstsein und Beziehungen und soziale Interaktionen mit anderen nehmen einen wichtigen Stellenwert für unsere Entwicklung ein. Wir beginnen, unsere eigenen Emotionen und die Emotionen unserer Mitmenschen zu erkennen.

Es ist faszinierend, welche abenteuerliche Reise wir in diesen jungen Jahren bereits erlebt haben, oder? Und es bedeutet, dass wir alles, was wir in den ersten Jahren hören, wahrnehmen und erfahren, unbewusst aufsagen wie ein Schwamm, ohne aktives Filtersystem. Wir reflektieren und hinterfragen nicht, ob das unsere Gedanken und Emotionen sind. Stattdessen beginnen wir uns damit zu identifizieren und entwickeln eine Ich-Identität mit Glaubenssätzen und Denkmustern, die durch die Menschen in unserem nahen Umfeld geprägt ist.

Gedanken und Emotionen sind also immer eng miteinander verbunden. Unsere Gedanken können unsere Emotionen auslösen und umgekehrt. So können negative Gedanken beispielsweise zu Angst und Trauer führen, während positive Gedanken Freude hervorrufen und dazu beitragen können, optimistisch zu bleiben und Herausforderungen besser zu bewältigen. Der Einfluss unserer Gedanken erstreckt sich auch auf Verhaltensweisen und die Art und Weise, wie wir die Welt wahrnehmen.

Und alles beginnt mit einem Gedanken, der neutral ist. Einfach erklärt kannst Du es Dir so vorstellen: Jeder Gedanke wird im Gehirn durch komplexe Aktivitäten gesteuert. Neuronen zum Beispiel spielen eine entscheidende Rolle bei der Übertragung von Informationen durch elektrische Impulse. Und sie kommunizieren über Synapsen miteinander, indem sie diese elektrischen Signale weitergeben. Synapsen sind also die Verbindungen zwischen einzelnen Neuronen, die es diesen Zellen ermöglicht, sich zu verständigen. Sie sind in einem Netzwerk miteinander verbunden und dieser Prozess ermöglicht die Verarbeitung und Übertragung von Informationen im Nervensystem.

Der neutrale Gedanke führt über den somatischen Teil unseres Gehirns. Wir nehmen jede Situation über unsere fünf Sinne auf. Die Erfahrungen daraus werden in diesem Teil unseres Gehirns verankert und mit einer Emotion verknüpft. Plötzlich erhält der Gedanke einen emotionalen Stempel, Du gibst ihm eine Bewertung und das Gedankenkarussell beginnt.

Anschließend triffst Du eine Entscheidung, die abhängig davon ist, welche Emotion Du fühlst. An dieser Stelle gibt es auch nicht die Möglichkeit, keine Entscheidung zu treffen. Denn entweder entscheidest Du Dich dafür etwas zu tun oder es sein zu lassen – beide Entscheidungen entsprechen gleichzeitig einer Handlung. Aus Deiner Handlung heraus entsteht das Ergebnis und auf diese Weise erschaffen Deine Gedanken Deine heutige Realität.

Was bedeutet das für unsere Entwicklung? Wir alle erblicken auf dieselbe Art das Licht dieser Welt: als Babys. Stell dir vor, dass jedes Neugeborene wie eine unbeschriebene Seite ist, bereit, mit den Farben des

Lebens gefüllt zu werden. Wir sind rein, voller Liebe, frei von Vorurteilen, Begrenzungen oder Prägungen.

Stattdessen sind wir voller unbekannter Potenziale und Energie, bereit, die Welt zu entdecken und unser eigenes Schicksal zu gestalten. Diese Energie ist der Funke, der uns antreibt, um die Welt um uns herum mutig zu erkunden und unsere Fähigkeiten und Potenziale zu entfalten. Sie ist sowohl unser persönlicher Motor als auch die Quelle unserer Kreativität, unserer Leidenschaft und unserer inneren Stärke. Sie lässt uns lebendig fühlen und motiviert uns, nach Wachstum und Erfüllung zu streben.

Stress, Traumata, gesellschaftliche Erwartungen und persönliche Herausforderungen können dazu führen, dass wir unsere eigene Energie nicht mehr fühlen. Dadurch können wir uns verloren fühlen, denn wir spüren auch unbewusst, dass wir den Kontakt zu etwas Wichtigem verloren haben, wir können nur nicht beschreiben, was es ist. Ich entschied mich in meiner Kindheit unbewusst dazu, dass alles nicht mehr fühlen zu wollen. Ich sehnte mich so sehr danach dazu zu gehören, gesehen, wertgeschätzt und akzeptiert zu werden. Gleichzeitig gab ich die Verantwortung über mein eigenes Leben aus der Hand, hörte damit auf mir selbst zuzuhören, auf meine eigene Intuition zu hören. Wie sollte das auch funktionieren?

Jeder von uns trägt sie in sich, die innere Stimme, unsere Intuition. Sie ist der Kompass des Herzens, der

Dich auf Deinem Weg durch das Leben führt. Hörst Du auf Deine Intuition, fühlst Du, wie sich dieser Kompass ausrichtet und Dich in die Richtung lenkt, die für Dich richtig ist. Er spricht in leisen Tönen, in sanften Gefühlen, in einem tiefen inneren Wissen und ermutigt Dich, Deinem Herzen zu folgen.

Auf die eigene Intuition zu hören kann herausfordernd sein. Wir können uns wacklig fühlen. Es ist wichtig sich selbst kennenzulernen und Selbstbewusstsein zu entwickeln. Je besser wir unsere Stärken, Wachstumspotenziale, Werte und Überzeugungen verstehen, desto klarer können wir diese Signale erkennen und ihnen vertrauensvoll folgen.

Wenn wir aber nie gelernt haben, auf unsere Intuition zu hören, kann das verschiedene Auswirkungen haben, die unser Leben beeinflussen können. Welche Auswirkungen es bei mir waren, erzähle ich Dir.

Entscheidungsschwierigkeiten: Ohne eine Verbindung zu uns kann es herausfordernd sein, Entscheidungen zu treffen, da wir oft von äußeren Faktoren oder rationalen Überlegungen abhängig sind. Es kann schwieriger sein, zwischen mehreren Möglichkeiten zu wählen oder den für uns richtigen Weg zu finden.
Stell Dir vor Du gehst einen Pfad entlang und plötzlich teilt sich der Weg in verschiedene Richtungen. Jeder dieser Wege beinhaltet eine Entscheidung oder einen Lebensweg, den Du einschlagen kannst. Jede Richtung

birgt verschiedene Konsequenzen, Chancen und Hürden. Einige Wege erscheinen leichter, bringen Dich näher an Deine Ziele und Träume heran, während andere gefühlt in eine Sackgasse führen. Die Entscheidung selbst erfordert eine Überprüfung Deiner eigenen Werte, Ziele und Prioritäten. Hier kommt die Intuition ins Spiel. Wenn wir auf sie hören, können wir spüren, welcher Weg sich richtig anfühlt, auch, wenn er oft nicht logisch oder offensichtlich erscheint.

Unklarheit über die eigenen Bedürfnisse: Ohne das Verständnis dafür, was uns wirklich erfüllt und glücklich macht, können wir uns unsicher fühlen, wenn es darum geht, ein Gefühl für unsere Lebensrichtung zu entwickeln. Stell Dir ein Puzzle vor, dessen Teile verstreut auf dem Fußboden liegen.

Jedes Stück trägt eine wichtige Information über Deine Bedürfnisse und Wünsche, aber ohne die Fähigkeit, die Teile zusammenzusetzen, kannst Du das Gesamtbild nicht erkennen. Deine Intuition kennt Deine wahren Bedürfnisse und Wünsche, auch, wenn sie von äußeren Einflüssen überlagert wurden. Sie zeigt Dir den Weg zu dem, was Du wirklich brauchst, nicht unbedingt zu dem, was Du denkst zu wollen.

Gefühl von Leere oder Unzufriedenheit: Du hast das Gefühl, dass etwas fehlt, aber Du kannst nicht genau sagen, was es ist? Das Gefühl innerer Leere oder Unzufriedenheit entsteht oft, wenn wir unsere Bedürfnisse nicht erkennen und erfüllen können. Es ist eine tiefe, schmerzhafte Erfahrung, in der wir auf der Suche nach äußeren Ablenkungen herumirren, um das emotionale Loch in unserem Inneren zu füllen. Ein Gefühl der Einsamkeit und Unvollständigkeit, das uns selbst inmitten äußerer Erfolge überwältigen kann.

Im Außen kann nichts die tiefe Sehnsucht langfristig stillen. Denn die Wahrheit ist: Die Suche startet am falschen Ort. Der Weg, um die innere Leere zu füllen, beginnt damit, Dir zu erlauben, mit Deinen Emotionen umzugehen, die Dich begleiten und sie anzunehmen. Und ja, das erfordert Mut und Vertrauen, sich den Schmerz und die verdrängten Emotionen anzuschauen. Aber indem wir uns mit unseren Gefühlen auseinandersetzen und ihnen Raum geben, beginnen wir, sie zu verstehen und zu akzeptieren.

Damit wir einen leichteren Zugang zu unseren Gefühlen bekommen, ist es hilfreich, den Zusammenhang zwischen unserem Bewusstsein und unserem Unterbewusstsein zu verstehen. Das Verständnis dafür ist entscheidend, da viele unserer Emotionen und Reaktionen tief in unserem Unterbewusstsein verwurzelt sind. Ohne dieses Verständnis sind wir uns unserer eigenen emotionalen Reaktionen nicht bewusst und sind nahezu blind dafür sie wahrzunehmen, zu kontrollieren oder zu verarbeiten.

Jeder von uns hat blinde Flecken, Aspekte von uns oder unserer Umgebung, die wir nicht wahrnehmen können, sei es aufgrund von persönlichen Vorurteilen, unbewussten Verhaltensweisen oder einfach fehlendem

Bewusstsein. Diese blinden Flecken können uns daran hindern, die Welt um uns herum vollständig zu verstehen.

Ein Schmetterling mit wunderschönen Flügeln, die mit farbenfrohen Punkten übersät sind, ist unfähig, seine eigene Schönheit zu erkennen, da er sie selbst auf seinem Rücken nicht sehen kann. Und dass, obwohl seine Flügel für andere offensichtlich sind und sogar Bewunderung hervorrufen können. Unsere blinden Flecken definieren nicht unsere Schwächen, sondern es sind Bereiche, die wir bisher noch nicht erkundet haben.

Stell Dir das Bewusstsein und das Unterbewusstsein wie zwei Schichten eines Eisbergs vor.

Das Bewusstsein ist die Spitze des Eisbergs, die über der Wasseroberfläche sichtbar ist. Es stellt unsere bewussten Gedanken, Entscheidungen und Handlungen dar – Dinge, die wir aktiv wahrnehmen und kontrollieren können. Diese bewusste Ebene ist klein im Vergleich zum Gesamtvolumen des Eisbergs. Dennoch können wir eine Vielzahl von Dingen im Bewusstsein abrufen, darunter Faktenwissen, aktuelle Gedanken und Emotionen, Problemlösungen, sowie bewusste Entscheidungen und Handlungen.

Das Unterbewusstsein hingegen ist die riesige Masse des Eisbergs, die sich unterhalb der Wasseroberfläche befindet. Es ist verborgen und größtenteils unsichtbar. Dennoch beeinflusst es das Verhalten und die Entscheidungen, die wir treffen, zum Beispiel können tiefsitzende Ängste vor Ablehnung oder Versagen unsere Handlungen sabotieren, ohne dass wir den direkten

Zusammenhang erkennen. Das Unterbewusstsein ist der Ort, an dem all unsere tief verwurzelten Überzeugungen, Emotionen, Erinnerungen und unbewussten Programme gespeichert sind. Es regelt eine Vielzahl von Prozessen, darunter Emotionen, unbewusste Gedanken, automatische Körperfunktionen wie Atmung und Herzschlag, Erinnerungen, Glaubenssätzen und vieles mehr. Eine seiner bemerkenswertesten Eigenschaften ist die Art und Weise, wie es „Bekanntes" mit Sicherheit gleichsetzt und „Unbekanntes" mit Unsicherheit.

Von klein auf lernen wir, Muster und Gewohnheiten zu erkennen. Diese vertrauten Muster werden von unserem Unterbewusstsein als sicher und vorhersehbar eingestuft. Wenn wir beispielsweise denselben Weg zur Arbeit nehmen oder unsere tägliche Routine befolgen, fühlen wir uns in diesen bekannten Situationen wohl und sicher. Unser Unterbewusstsein erkennt diese Muster und reagiert entsprechend, indem es uns ein Gefühl der Sicherheit sendet.

Auf der anderen Seite betrachtet unser Unterbewusstsein das Unbekannte mit Skepsis und Unsicherheit. Neue Situationen, unbekannte Umgebungen oder ungewohnte Herausforderungen können Unsicherheit auslösen, da unser Unterbewusstsein nicht über die erforderlichen Informationen verfügt, um eine Vorhersage zu treffen oder ein bekanntes Muster zu erkennen. In solchen Momenten kann sich Unbehagen oder Angst bemerkbar machen, da unser Unterbewusstsein versucht, uns vor potenziellen Gefahren zu schützen. Es fehlt eine Referenz dazu.

Das Zusammenspiel zwischen Bewusstsein und Unterbewusstsein ist umfangreich und dynamisch. Während das Bewusstsein die unmittelbaren Entscheidungen trifft, arbeitet das Unterbewusstsein im Hintergrund, um diese Entscheidungen zu beeinflussen und zu formen. Eine bewusste Entscheidung kann auf unbewussten Überzeugungen oder Emotionen beruhen, die tief in unserem Unterbewusstsein verankert sind.

Der Weg der eigenen Verleugnung: Final Countdown

Kinder sind ehrlich und spiegeln ihre Emotionen durch Worte und Verhaltensweisen im Außen wider. Sie sprechen ihre Wahrheit ohne Filter und denken nicht erst darüber nach, wie die Sätze klingen oder was sie in anderen Menschen auslösen können. Aber ihre Intention ist rein. Sie wollen niemanden bewusst verletzen, beleidigen oder kränken, sie sprechen einfach das aus, was gerade in ihnen vor sich geht.

Dazu erinnere ich mich an eine Situation als Kind, als meine Mutter mit mir einkaufen war und ich vorne im Einkaufswagen saß. Sie schlenderte durch das Lebensmittelgeschäft. Als wir an der Obstabteilung ankamen, entdeckte ich neben uns eine Frau, die geschminkt war und dabei viele verschiedene Farbtöne benutzte. Für mich war sie faszinierend, weil sie mehr Farben in ihrem Gesicht trug, als ich in meinem Tuschkasten zu Hause hatte. Und genau das sagte ich zu meiner Mutter, die peinlich berührt große Augen bekam und verstohlen zu der Frau neben uns rüber blickte. Natürlich hatte sie es gehört und fand es alles andere als amüsant. Ich sprach in dem Moment den Gedanken aus, der da war, ohne etwas Bestimmtes damit bezwecken oder jemanden verletzen zu wollen.

Die Intention der Worte verändert sich aber, wenn wir mit unseren Konditionierungen, Glaubenssätzen und

Ansichten über das, was „wahr" und „falsch", „gut" und „schlecht" ist, heranwachsen. Unsere Welt, die vorher farbenfroh wie ein Regenbogen am Horizont und voller Facetten war, wird plötzlich eingeschränkter und in Farben wie schwarz und weiß eingeteilt.

Im Teenageralter war ich schüchtern und wurde bei jeder kleinen Gelegenheit rot, wenn ich im Mittelpunkt stand und etwas erzählen sollte. Das waren unangenehme Situationen für mich, aus denen ich am liebsten geflohen wäre. Denn in meinem Kopf spielten sich ständig die Szenarien darüber ab, was andere über mich dachten, wenn ich sprach. Das, was ich mir am sehnlichsten wünschte, war, mich in der grauen Masse zu verstecken. Gleichzeitig war ich in dem Alter bereits über 1,70 Meter groß, damit das größte Mädchen in der Klasse, und auch größer als die meisten Jungs. Ich fühlte mich wie ein Paradiesvogel und wurde deswegen häufiger schikaniert.

Also begann ich mein Verhalten erneut anzupassen, beobachtete mein Umfeld und verglich mich mit anderen, in der Hoffnung, mich irgendeiner Gruppe zugehörig zu fühlen. Auf unbewusster Ebene bediente ich damit das Muster weiter, das ich mir in der Kindheit angeeignet hatte. Trotz der vielen Menschen um mich herum fühlte ich mich einsam und oft unverstanden.

Während der weiteren Jahre wuchs meine Herausforderung mit dem emotionalen Essen. Doch ich konnte mich nicht bewusst damit auseinanderzusetzen, weil ich nicht wusste, wie ich den Zugang dazu fand. Die

Zusammenhänge, der Umfang und die Auswirkungen waren für mich nicht greifbar. Ich dachte, ich hätte einfach einen guten Appetit oder sei gerade gestresst. Außerdem verstand ich die ständigen Schwankungen meiner Gefühlswelt nicht. Es war einfacher für mich, die Wahrheit zu verdrängen, als mich ihr zu stellen.

Zu der Zeit liebte ich es in meine eigene Welt zu flüchten und kreative Geschichten zu schreiben. Außerhalb der Schule verbrachte ich viel Zeit am Computer und wandelte meinen Schmerz in Kreativität um. Dabei ging es weniger darum, die geschriebenen Zeilen mit jemandem zu teilen, als mehr die Worte fließen zu lassen und Entspannung in meinen Körper zu bringen. Gleichzeitig floh ich vor der Realität und vor allem: vor mir selbst.

Doch die Flucht vor den Emotionen, die ich nicht fühlen wollte, war ein kurzweiliges Vergnügen. Denn sobald ich den Computer herunterfuhr, spürte ich diesen Drang wieder in mir aufkommen und ich begann zu essen. So lange, bis mein Magen voll und mein Kopf leer war. Das Essen wurde zu meinem treuen Begleiter, der mich niemals ablehnte und immer für mich da war, wenn ich ihn brauchte.

Ich begann langsam zu erkennen, dass mein Verhältnis zum Essen anders war als das meiner Freunde. Während sie Essen als eine Möglichkeit sahen, ihren Hunger zu stillen und Energie zu tanken, war es für mich viel mehr als das. Es war ein Mittel, um meine Emotionen zu dämpfen, um mich zu beruhigen, wenn ich Stress empfand, oder um mich zu belohnen, wenn ich etwas erreicht hatte. Anfangs war es ein kurzfristiger Trost, der jedoch bald zu einem unkontrollierbaren Mechanismus wurde. Die Gewissensbisse kamen, wenn ich mich nicht unter Kontrolle hatte. Jedes Mal verstärkte es mein Gefühl der Trennung zu mir selbst.

Zusätzlich litt auch mein Körpergefühl. Ich fühlte mich in meinem weiblichen Körper nicht zu Hause, versteckte mich meistens hinter weiten Klamotten wie Hoodies und Jeans, die dazu dienten, meinen Körper zu kaschieren. Mein Körper wurde zu einem Ort des Konflikts, an dem ich mich fremd fühlte. Die Kleidung war wie eine Rüstung, die mich vor anderen schützen sollte. Die weiten Schnitte verhüllten meine Figur, und ich fühlte mich sicherer, wenn ich mich hinter ihnen verstecken konnte.

Ebenfalls begleitete mich die Angst davor für andere sichtbar und wahrnehmbar zu sein und im Mittelpunkt der Aufmerksamkeit zu stehen. Ich vermied das Rampenlicht und versuchte, mich so unauffällig wie möglich zu bewegen. Die Vorstellung, dass andere meine Unsicherheiten bemerken könnten, überforderte mich. Ich zog es vor, im Hintergrund zu bleiben. Diese Angst begrenzte meine Möglichkeiten und hielt mich davon ab, mich selbst auszudrücken.

Mein Mangel an Selbstausdruck und meine Anpassungsfähigkeit luden oft andere Menschen ein, meine Grenzen zu überschreiten, ohne dass ich es selbst bemerkte. Durch mein ständiges Bemühen, mich anzupassen und Konflikte zu vermeiden, öffnete ich ungewollt die Tür für unangemessenes Verhalten und Handlungen.

Mein Schweigen und meine Zurückhaltung wurden fälschlicherweise als Einladung interpretiert, über meine persönlichen Grenzen hinwegzugehen. Ich erlaubte anderen, meine Bedürfnisse zu übersehen und meine Gefühle zu übergehen, weil ich selbst nicht in der Lage war, sie klar auszudrücken. Das Resultat war eine Dynamik, in der ich mich selbst aufopferte, um anderen gerecht zu werden, und meine eigenen Grenzen dabei völlig vernachlässigte.

Es war mir nicht bewusst, wie sehr ich mir selbst schadete, indem ich diese Muster unbewusst fortführte. Ich glaubte, dass Anpassung und Kompromiss die einzigen Wege waren, um Frieden und Harmonie in meinen zwischenmenschlichen Beziehungen zu bewahren. Doch das Gegenteil war der Fall. Denn je mehr ich meine eigenen Bedürfnisse und Gefühle unterdrückte, desto mehr wuchsen meine Unsicherheit und meine Unzufriedenheit.

Alles im Leben hat einen Preis, den wir zu einem bestimmten Zeitpunkt bezahlen. Manchmal ist dieser Preis sichtbar, greifbar, während er in anderen Momenten unsichtbar und verborgen bleibt. Doch egal, wie sehr wir uns bemühen, ihn zu ignorieren, er wird letztendlich eingefordert und wir müssen die Konsequenzen tragen.

Für mich war der Preis, den ich bezahlte, meine Gesundheit und ein emotionaler Zusammenbruch, über den ich im nächsten Kapitel mehr erzählen werde. Es war, als ob ich ständig auf einem schmalen Grat wanderte, zwischen der Illusion von Kontrolle und der Schlucht der Realität.

Die Spannung, die sich in meinem Inneren aufbaute, war fast greifbar. Jeder Atemzug fühlte sich schwer an, beladen mit den unausgesprochenen Worten, die in mir brodelten. Ich spürte, dass etwas in mir zu brechen drohte, aber ich war nicht bereit, diese Gewissheit anzuerkennen. Ich klammerte mich an meine Maskerade der Stärke, während die Mauern meiner inneren Festung bröckelten. Dann war er da, der Moment, an dem ich die offene Rechnung begleichen und den Preis für meine Entscheidungen und mein Handeln tragen durfte.

Der Zusammenbruch und Beginn meiner Heilungsreise

Mit Anfang zwanzig machte ich die Erfahrung von Mobbing am Arbeitsplatz und hatte Schwierigkeiten damit umzugehen. Zu der Zeit war ich vor fremden Menschen noch schüchtern und traute mich nicht, Grenzen zu setzen oder offen meine Meinung zu vertreten.

Ich erinnere mich gut an die Tage, an denen ich mich hilflos und allein fühlte. Es begann schleichend, mit scheinbar harmlosen Bemerkungen und subtilen Anspielungen, bis der Druck schließlich unerträglich wurde.

Was ich nicht erwartet hatte, war, wie sehr mich diese Erfahrung auch zu Hause beeinflussen würde. Der Stress und die Angst begleiteten mich, wohin ich auch ging. Ich fühlte mich ständig von Zweifeln und der Unsicherheit umgeben.

Es war schwer für mich, darüber zu sprechen oder Hilfe zu suchen. Ich fühlte mich isoliert und allein mit meinen Problemen, und der Gedanke, dass jemand erfahren könnte, was ich durchmachte, fügte nur mehr Druck hinzu.

In dieser Zeit wurde auch mein emotionales Essen sehr stark. Jedes Mal, wenn ich mich niedergeschlagen oder gestresst fühlte, aß ich, um mich zu betäuben oder zu trösten. Es war leicht, in alte Essgewohnheiten zurückzufallen und mich mit ungesunden Lebensmitteln zu überladen. Ich war mit Anfang zwanzig so schlank wie nie zuvor in meinem Leben und wog bei einer Größe von 1,81 Metern etwa dreiundsechzig Kilo.

Und, obwohl meine Rippen bereits leicht hervorstachen und die Zahl auf der Waage laut Body-Mass-Index absolut im grünen Bereich lag, spürte ich, dass ich mehr abnehmen wollte. Denn für mich war das nicht genug. Ich fühlte mich unzufrieden und wollte noch schlanker sein, um dem Idealbild zu entsprechen, das ich in meinem Kopf hatte.

Doch das Streben nach diesem Ideal war nicht nur eine Frage der äußeren Erscheinung, sondern auch ein Ausdruck meiner inneren Unsicherheiten und emotionalen Bedürfnisse. Der Wunsch weiter abzunehmen aktivierte meine angelernte „...erst ... um ... zu...“-Essensstrategie: „Ich muss erst weiter abnehmen und schlanker werden, um meinen Körper annehmen und mich selbst lieben zu können“.

Doch die Wahrheit ist, dass ich damit einem Geist hinterherlief. Denn: Wir kreieren IMMER von innen nach außen. Das gilt für alle Bereiche unseres Lebens. Wir sind oft darauf fixiert, äußere Einflüsse und Faktoren zu kontrollieren, um unser Leben zu gestalten. Wir suchen nach der Inspiration und Motivation im Außen, um unsere Ziele zu erreichen und unsere Träume zu verwirklichen. Aber unsere Gedanken, Überzeugungen, Wünsche und Emotionen sind die Grundlage für die Realität, die wir erleben. Unser Inneres ist also der

Ausgangspunkt dafür, wie wir die Welt um uns herum wahrnehmen.

Ich hatte ein Ziel vor Augen, aber wusste gar nicht, wo ich ankommen will. Mir fehlte die Vorstellung davon, wie ICH mich wohlfühlte, wie ICH aussehen wollte, welches Gewicht für MICH das Richtige war. Stattdessen orientierte ich mich an dem, was ich um mich herum und in Medien sah und erkannte es für mich als Normalität an.

Das emotionale Essen verstärkte den Teufelskreis, in dem ich mich befand. Abnehmen zu wollen war das eine, aber gleichzeitig wollte ich all die erlebten Gefühle bei der Arbeit nicht mehr wahrnehmen. Anstatt meine Emotionen auf konstruktive Weise zu verarbeiten, unterdrückte ich sie mit Essen und stopfte mich voll, was zu Scham, größeren Schuldgefühlen und Selbstzweifeln führte. Ich fühlte mich gefangen in einem Zyklus aus negativen Gedanken und Verhaltensweisen, aus dem ich nicht herauszukommen schien.

Der innere Druck in mir wuchs ins Unermessliche. Die Quintessenz aus all dem war, dass ich kurze Zeit später einen emotionalen Zusammenbruch hatte.

GAME OVER.

Mein Leben lang baute ich stabile, innere Mauern um mich herum, die im Laufe der Jahre mit jeder weiteren, schmerzhaften Erfahrung einen kleinen Riss bekamen, bis sie schließlich einstürzten und die Emotionen mich überwältigten.

Alles, was ich aufstaute und verdrängte, platzte aus mir heraus. Wie bei einem Luftballon, der mit Luft gefüllt wurde. Und jede emotionale Erfahrung füllt den Ballon weiter auf, bis er prall und gespannt ist. Plötzlich, in einem Moment intensiver emotionaler Intensität, erreicht der Luftballon seinen absoluten Höhepunkt. Seine Wände sind so straff gespannt, dass sie kaum dem Druck standhalten können, bis er mit einem lauten Knall in tausend Stücke platzt.

Im Moment des Zusammenbruchs schien die Zeit stillzustehen, während die Emotionen wie ein Sturm durch meinen Verstand fegten. Tränen strömten unaufhörlich, meine Atmung war flach und unregelmäßig, und mein Herz raste in einem wilden Rhythmus. Es war, als ob die Welt um mich herum in einem Wirbelwind aus Chaos und Verwirrung versank.

Als ob die Welt plötzlich in Zeitlupe lief, während der Verstand versuchte, mit der Flut von Emotionen Schritt zu halten. Die einfachsten Aufgaben wurden zu unüberwindbaren Hindernissen, meine Sinne schienen von der Realität abgeschnitten zu sein. Eine Entscheidung für Kartoffeln oder Nudeln zu treffen, schien unmöglich. Mein Körper und die Emotionen gerieten außer Kontrolle.

Heute weiß ich, dass ein emotionaler Zusammenbruch eine Reaktion auf überwältigende oder traumatische Ereignisse sein kann. Es ist ein Zeichen dafür, dass der Körper und die Psyche versuchen, mit einer übermäßigen Belastung umzugehen und, dass es Zeit ist, für sich selbst Mitgefühl und Fürsorge zu zeigen.

Innerlich spürte ich nichts mehr und fühlte mich leer. Es war, als ob alle Empfindungen in einem großen, schwarzen Loch verschwunden waren. Mein Leben fühlte sich an wie ein unwirklicher Traum, in dem ich von der Realität abgeschnitten war. Und zu dem Zeitpunkt war ich überzeugt davon, dass ich nie wieder in der Lage sein würde, echte Freude zu fühlen oder Erfüllung zu erleben. Die Farben verschwanden aus meiner Welt und hüllten sich in ein monotones Grau.

Du erinnerst Dich an den Körper mit der leeren Hülle? Das beschrieb meinen Zustand genau. Ein Zustand, getrennt von meinen Gedanken, Gefühlen, Wahrnehmungen und Erinnerungen.

Stell Dir vor, Du befindest Dich in einem Raum, der mit verschiedenen Bildern und Erinnerungsstücken gefüllt ist. Das sind Deine Gedanken, Gefühle und Erinnerungen. Normalerweise bist Du in der Lage, diese Elemente miteinander zu verbinden und ein Bild davon zu haben, wer Du heute bist und was um Dich herum passiert.

Wenn Du abgeschnitten von all dem bist, ist es, als ob dieser Raum plötzlich in eine Art Nebel gehüllt wird. Die Bilder und Erinnerungsstücke verschwimmen, lösen sich in ihre einzelnen Farben auf und Du kannst sie nicht mehr klar erkennen oder zusammenfügen.

Es kann sein, dass Du Dich distanziert fühlst, als ob Du Dich von Deinem eigenen Verstand oder Körper entfernt hast, während Du dennoch in diesem Zustand gefangen bist. Ein Gefühl neben Dir zu stehen und Dein eigenes Leben als Außenstehender Deines Körpers zu betrachten.

Glücklicherweise erhielt ich zeitnah ärztliche Unterstützung und kam innerhalb kürzester Zeit in eine psychosomatische Klinik. Das war eine aufwirbelnde und erkenntnisreiche Zeit in meinem Leben und der erste Schritt, indem mir einzelne Situationen und eigene Verhaltensweisen meines Lebens bewusst wurden. Ich verstand auch, dass mein innerer Akku bereits längere Zeit ausgebrannt und erschöpft war und rot blinkte.

Meine Ankunft war durch eine Mischung aus Nervosität, Hoffnung und Unsicherheit geprägt, weil ich nicht wusste, was mich erwartete. Zu Beginn wurden umfassende, ärztliche Untersuchungen und psychologische Bewertungen durchgeführt, um meine individuellen Bedürfnisse und Herausforderungen kennenzulernen und zu verstehen.

Im Anschluss wurde ein individueller Behandlungsplan entwickelt, der eine Kombination aus verschiedenen Therapiemethoden, darunter Psychotherapie (in Einzel- und Gruppensitzungen), Entspannungstechniken, körperliche Aktivität (Spaziergänge und Nordic Walking) und Kunsttherapie umfasste.

Die ärztliche Diagnose lautete: schwere Depression und Burnout. Eine Depression kann nicht nur die Stimmung beeinflussen, sie kann auch körperliche Symptome verursachen. Bei mir waren es Schwierigkeiten beim Einschlafen, Gewichtszunahme, Kopfschmerzen,

Muskelverspannungen und das dauerhafte Gefühl körperlicher Erschöpfung.

Mein Behandlungsplan in den ersten beiden Wochen sorgte für besondere Anspannung in meinem Nervensystem, da er gefüllt war mit Freizeit, Freizeit und noch mehr Freizeit, für mich allein. Die Zeit und Ruhe fühlten sich stressig an, weil sie ungewohnt waren und in mir unangenehme Gedanken und Emotionen hervorbrachten. Zeit zu haben, um über mein Leben zu reflektieren, war das, was ich unbewusst immer vermied.

Während der Therapie lernte ich, dass meine körperlichen Beschwerden mit emotionalen und psychischen Faktoren verbunden sind.

Die Klinik bot mir über sechs Wochen hinweg den Raum, um meine tiefgehenden Denk- und Verhaltensmuster zu erkunden, die zur Entstehung und Aufrechterhaltung der Depression und des Burnouts, beitrugen. Und ich erkannte den Zusammenhang mit meinem emotionalen Essverhalten.

Ich verstand, dass ich über Jahre hinweg meine eigenen Bedürfnisse vernachlässigt und mich stattdessen auf äußere Leistungsanforderungen oder die Erwartungen anderer konzentriert hatte.

Erst an diesem Ort wurde mir klar, wie tiefgreifend ich die Signale meines Körpers ignorierte, mich selbst drängte, über meine Grenzen hinaus zu gehen, ohne zu bemerken, dass mein Nervensystem längst dysreguliert war. Das Verständnis meines Nervensystems und seiner Reaktionen war ein Wendepunkt in meiner Genesung.

Du kannst Dir das Nervensystem wie die Firewall eines Computers vorstellen, mit der Aufgabe, Dich vor potenziellen Eindringlingen und Gefahren zu beschützen. Es analysiert kontinuierlich die eingehenden Informationen und filtert sie basierend auf vordefinierten Kriterien. Es erkennt potenzielle Bedrohungen oder negative Einflüsse und blockiert sie, bevor sie Zugang zu unserem Bewusstsein erhalten können.

Demnach ist es nicht nur eine passive Verteidigungslinie, sondern auch ein aktives Überwachsungssystem. Wenn eine Bedrohung erkannt wird, sendet das Unterbewusstsein sofort Warnsignale an Dich aus. Die Hauptaufgabe dieses komplexen Systems ist nicht, dass Du ein glückliches, erfülltes und zufriedenes Leben führst, sondern, dass Du überlebst.

Die Informationsquelle dieser Firewall bezieht sich dabei auf die erlebten Erfahrungen aus Deiner Vergangenheit. Deshalb wird Dein Nervensystem auch alles dafür tun, dass Du Deine Entscheidungen in der Gegenwart genauso triffst, wie die in der Vergangenheit. Denn alles, was Du dort erlebt hast, ist bekannt. Es hat die Aufgabe unser Überleben zu sichern, das hat es bereits in der Steinzeit getan, als es noch Säbelzahntiger gab, die uns nach dem Leben trachteten.

Selbst nach dieser ersten Lektion des Lebens in der Klinik brauchte es eine zweite Runde, um mich daran zu erinnern, dass meine Vergangenheit mich einholen kann, wenn sie nicht vergangen bleibt.

Es fing unscheinbar an, wie ein leiser Regen, der kaum hörbar auf das Dach fällt. Ich fand mich immer öfter in langen Arbeitsstunden wieder, um den ständig wachsenden Anforderungen meines Berufslebens gerecht zu werden. Inmitten meiner Versuche, mich in die Arbeit zu flüchten und meine Emotionen mit Essen zu betäuben, wurde mir klar, dass ich auf dem gleichen dünnen Eis wandelte, das mich bereits einmal zu Boden gerissen hatte.

Dann kam der Tag, an dem der Sturm in mir tobte und sich zu einem Feuer entfachte. Ein zweiter Burnout, abgeschwächter als der erste, den ich mit Anfang zwanzig hatte, erwischte mich mit über dreißig erneut.

Es war wie ein Blitzschlag in einem bereits aufgewühlten Gewässer. Nach meinem ersten Zusammenbruch dachte ich, ich hätte ausreichend gelernt, wie ich meine Grenzen respektieren und meine Bedürfnisse besser erkennen könnte. Doch das Leben lehrte mich anderes. Daraus wuchs die Erkenntnis, dass ich meine Strategien überdenken und nachjustieren musste.

Große Stolpersteine auf diesem Weg stellten die endlosen Diäten, Verbote und Einschränkungen dar, die ich mir auferlegt hatte, um mein Gewicht zu kontrollieren. Von Low-Carb über Keto bis hin zu Intervallfasten – ich hatte vieles ausprobiert, in der Hoffnung, meinen Körper zu zwingen, sich meinen Vorstellungen zu fügen. Oder auch von radikalen Kaloriendefiziten bis hin zu intensiven Trainingsplänen, ich versuchte alles, um meinem Körper zu zeigen, wie es künftig laufen würde.

Was ich aber nicht erkannte, war die Tatsache, dass diese Diäten und Umstellungen nicht nur meinen Körper belasteten, sondern auch meinen Stoffwechsel durcheinanderbrachten. Der ständige Wechsel zwischen Überfluss und Verzicht führte zu Jo-Jo-Effekten, die meinen Körper noch mehr aus dem Gleichgewicht brachten und ich rutschte tiefer in den Strudel des emotionalen Essens.

In meiner Kindheit stand ich vor der entscheidenden Wahl: Sollte ich meinem Verstand oder meinem Herzen vertrauen? Für mich war die Antwort klar: Die Rationalität bot Sicherheit, während das Herz ein unberechenbares Abenteuer darstellte, was ich mit schmerzhaften Erfahrungen verband.

Mein Entschluss, meinem Verstand zu folgen, war von einer tiefen Sehnsucht nach Sicherheit geprägt. Als Kind sehnte ich mich nach Stabilität und Kontrolle in einer Welt, die chaotisch und verwirrend erschien. Der Verstand bot mir klare Richtlinien und logische Antworten auf die vielen Fragen, die das Leben mir stellte. Er war wie ein Ort, an dem ich mich festhalten konnte, wenn die Wellen des Lebens zu hoch wurden.

Später erkannte ich, dass diese Entscheidung nicht nur eine Frage der Bequemlichkeit war, sondern auch eine natürliche Reaktion meines Nervensystems auf die Herausforderungen um mich herum. Aber während die Rationalität Sicherheit bieten mag, birgt sie auch ihre eigenen Gefahren. Denn indem wir uns ausschließlich auf unseren Verstand verlassen, schließen wir die Tür zu unseren Emotionen – zu dem Teil von uns, der uns nahbar macht und uns mit anderen verbindet. Wir verpassen die Chance, uns vollständig zu entfalten und die Schönheit und das Wunder der Welt auf einer tieferen Ebene zu erleben.

Es ist eine Lektion, die ich erst im Laufe der Zeit gelernt habe: Dass das Herz, obwohl es unsicher und unvorhersehbar sein mag, uns auch zu den wertvollsten Erfahrungen und Begegnungen führen kann. Es ist der Motor unserer Leidenschaften und Träume und indem wir ihm Raum geben, können wir ein erfüllteres und authentischeres Leben führen.

Manchmal braucht es einen tiefen Fall, um uns zu lehren, wie wir wieder aufstehen können. In den stillen Momenten in der Klinik erkannte ich es: Die Wahl zwischen Rationalität und Emotion war keine Entweder-Oder-Situation, sondern eine Einladung zur Integration und zum Gleichgewicht. In den Sitzungen mit Therapeuten und durch meine eigene Selbstreflexion wurde mir klar, dass meine jahrelange Neigung zur Rationalität nicht nur eine Überlebensstrategie, sondern auch eine Barriere für meine emotionale Entfaltung war. Ich verstand, wie sehr ich mich selbst begrenzte, indem ich meine Gefühle unterdrückte und mich auf meinen Verstand als alleinige Quelle der Sicherheit verließ.

Mir wurde bewusst, dass ich meine Emotionen reanimieren und mir erlauben durfte, alles noch auf einer tieferen Ebene zu fühlen. Es war eine Reise zu den tiefsten Wurzeln in mir, eine Reise, die mich gelehrt hat, dass Erfahrungen und Erkenntnisse wie eine Zwiebel sind – es gibt immer noch eine Schicht.

Es war, als ob ein Licht in meinem Inneren angezündet wurde, ein Licht, das all die dunklen Ecken und versteckten Winkel in mir beleuchtete. Ich sah mir meine Ängste, meine Traurigkeit, meine Wut und meine innere Leere aus einer neuen Perspektive an.

Ich erkannte, dass Erfahrungen und Erkenntnisse nicht statisch sind, sondern sich ständig weiterentwickeln, sich immer wieder neu entfalten, je tiefer wir graben. Und damit kam auch die Möglichkeit der Veränderung und des Wachstums. Statt mich weiterhin hinter meinen hochgezogenen Mauern zu verstecken, begann ich langsam, die Tür zu öffnen und den Mut zu finden, mich meinen Emotionen zu stellen.

Ich lernte, wie wichtig es ist, das Gleichgewicht zwischen Verstand und Herz zu finden. Eine Balance, die es mir ermöglicht, sowohl meine kognitiven als auch meine emotionalen Fähigkeiten zu nutzen, um mit den Herausforderungen des Lebens umzugehen. Ich erkannte, dass meine Emotionen keine Bedrohung waren, sondern ein wichtiger Teil meiner Menschlichkeit, der es mir ermöglichte, tiefe Verbindungen einzugehen.

Die größten Schätze des Lebens liegen hinter den Mauern des Schutzes, außerhalb unserer Komfortzone. Es ist eine Reise, die mit Unsicherheiten und Risiken verbunden ist, aber auch mit großem Glück und Erfüllung belohnt wird.

Meine Gegenwart: innere Balance

Der Weg zu einem gesunden Verhältnis zum Essen und zum eigenen Körper kann lang und herausfordernd sein. Für mich bedeutete es, mich wieder mit meinen eigenen Emotionen auseinanderzusetzen, zu lernen, mit ihnen umzugehen und sie anzunehmen, wie sie sind, anstatt sie durch Essen zu unterdrücken.

Es ist ein individueller Prozess, welcher Zeit, Geduld und inneres Vertrauen erfordert. Und jeder Prozess durchläuft dabei unterschiedliche Zeitspannen, die nicht beschleunigt oder übersprungen werden können. Stell es Dir vor wie bei einem Buch, dessen gesamten Kontext und Facettenreichtum Du am besten verstehst, wenn Du die einzelnen Kapitel von vorne bis hinten in der Reihenfolge liest und nicht andersherum.

In meinem Streben nach persönlicher Entwicklung und Selbstverwirklichung stellte ich mir oft die Frage, ob der Leidensdruck, den ich auf meinem persönlichen Lebensweg erfuhr, notwendig war. Ich fragte mich, ob es einen einfacheren Weg gegeben hätte, um zu wachsen und mich weiterzuentwickeln, ohne so viel Schmerz zu erfahren. Diese Frage führte oft zu Zweifeln und Unsicherheiten, insbesondere, wenn ich mit Herausforderungen konfrontiert war, die mich überforderten oder Leiden verursachten.

Im Laufe der Zeit habe ich erkannt, dass der Schmerz eine wichtige Rolle dabei spielt, uns die notwendigen Lektionen zu lehren und uns auf den für uns vorgesehenen Weg zurückzubringen. Der Schmerz half mir dabei, meine Grenzen zu erkennen und zu erweitern, indem er mich herausforderte und mich somit dazu brachte, über mich hinauszuwachsen. Er half mir dabei, mich selbst und meine Überzeugungen zu hinterfragen, indem er mich mit Situationen konfrontierte, die mich dazu motivierten, meine Annahmen zu überdenken und neue Perspektiven einzunehmen. Er half mir ebenfalls dabei, meine Stärken und Schwächen zu erkennen, indem er mich mit meinen eigenen, inneren Konflikten und Ängsten konfrontierte.

Darüber hinaus half mir der Leidensdruck, mich mit meinen tiefsten Sehnsüchten und Wünschen zu verbinden, indem er mich dazu zwang, mich mit den grundlegenden Fragen des Lebens auseinanderzusetzen und nach Sinn und Zweck von dem zu suchen, was ich tue und noch erreichen will. Er ermutigte mich dazu, mich selbst und meine Ziele in Frage zu stellen, indem er mich mit den unvermeidlichen Unsicherheiten und Zweifeln konfrontierte, die mit dem Streben nach Veränderung und Wachstum einhergehen.

Schmerz ist ein Bestandteil des Wachstumsprozesses. Durch schwierige Zeiten zu gehen, hat mir geholfen, mich selbst und meine Ziele besser kennenzulernen, sie klarer zu definieren und meine innere Stärke zu erkennen.

Ohne diese Erfahrungen hätte ich die Lernaufgaben nicht erkannt oder verstanden, die mich heute an den Punkt gebracht haben, wo ich stehe.

Aus meiner Sicht ist das Leben immer für uns, auch, wenn wir die Lektionen häufig nicht verstehen. Vertraue darauf, dass du sie mit der Zeit verstehen wirst.

„Das Leben wird vorwärts gelebt und rückwärts verstanden"
(Søren Kierkegaard)

Es bedeutet aber nicht, dass Leid und Schmerz unvermeidlich sind. Vielmehr hilft es, sie als natürliche Bestandteile des Lebens anzunehmen und als Gelegenheiten zu betrachten, aus denen wir wachsen und uns weiterentwickeln können.

Eine wichtige Erkenntnis für mich war, dass das Streben nach einem bestimmten Gewicht oder Körperbild nicht automatisch zu Glück oder Zufriedenheit führte. Bei mir war das Gegenteil der Fall. Das Abwiegen der Lebensmittel, das Kalorienzählen der Mahlzeiten, die verschiedenen Diäten und Ernährungsumstellungen zogen mich immer tiefer in den Strudel meines Abnehmwahns und Perfektionismus.

Emotionales Essen ist wie ein Pendel, das in zwei Richtungen schwingt. Auf der einen Seite des Pendels befinden sich unsere Emotionen. Sie können uns beeinflussen und dazu führen, dass wir uns nach Trost und Ablenkung sehnen. In solchen Momenten greifen wir nach Trostnahrung oder belohnen uns mit Essen, um uns besser zu fühlen oder unangenehme Gefühle zu betäuben.

Auf der anderen Seite des Pendels befindet sich das Verlangen nach Essen. Wir verspüren den Drang zu essen, sei es aus Hunger, Langeweile oder Gewohnheit. Dieses Verlangen kann unabhängig von unseren emotionalen Zuständen auftreten und uns dazu verleiten, mehr zu essen, als unser Körper tatsächlich benötigt.

Wie ein Pendel schwingt auch das Verhältnis zwischen Emotionen und Verlangen hin und her. Wenn wir uns gestresst oder traurig fühlen, kann das Verlangen siegen und das emotionale Essen verstärken. Auf der anderen Seite kann übermäßiges Essen das Gefühl der Schuld oder Frustration verstärken, was wiederum zu einem Anstieg der emotionalen Belastung führen kann. Der Schlüssel ist BALANCE.

Balance ist für mich wie das Gleichgewicht auf einem Seil. Stehe ich in der Mitte, fühle ich mich stabil und sicher. Mein Körper ist entspannt, und ich spüre jede Bewegung, die mir dabei hilft, meine Position zu halten. Die Umgebung nehme ich ruhig und klar wahr.

Neige ich mich zu sehr zu einer Seite, wird das Seil wackeliger und ich muss meine Muskeln anspannen, um nicht zu fallen. Ich spüre eine Anspannung in meinem Körper, während ich versuche, wieder ins Gleichgewicht zu kommen. Ich nehme meine Umgebung verschwommen wahr, da mein Fokus darauf gerichtet ist, nicht zu stürzen.

Für mich ist Balance insgesamt ein Gefühl der Stabilität und Ausgeglichenheit, das durch bewusste Aufmerksamkeit auf verschiedene Lebensbereiche erreicht wird. Es ist ein Gefühl, im Einklang mit mir selbst und der Welt um mich herum zu sein.

Dafür ist es wichtig herauszufinden, auf welche Weise das Pendel nur begrenzt in eine Richtung ausschlägt. Wir dürfen lernen, unseren Emotionen auf eine gesündere Art Aufmerksamkeit zu schenken, ohne auf Essen als Bewältigungsstrategie zurückzugreifen. Das bedeutet, alternative Wege für sich zu finden, um besser mit dem inneren Stresslevel umgehen zu können.

Gleichzeitig dürfen wir wieder bewusst auf unsere Körpersignale hören und dann essen, wenn wir tatsächlich hungrig sind. Ansonsten lindern wir temporär die Symptome, aber nicht die Ursache.

Wahre Fülle, Glück, Freude und Zufriedenheit entstehen von innen heraus und können nicht durch äußere Rahmenbedingungen erreicht werden. Es geht darum, zu lernen, Dich selbst anzunehmen und zu lieben, unabhängig von den Rundungen und den Zahlen auf der Waage.

Und das ist ein Weg.
Dein persönlicher Weg.

Du weißt, dass unsere innere Einstellung, unsere Wünsche und unsere Vorstellungen die Realität formen, die wir erleben.

Heute bin ich auf einem stabileren Weg zu einem gesunden Verhältnis zum Essen und zu meinem Körper. Ich achte stärker auf meine Bedürfnisse und darauf, mich nicht von Schönheitsidealen und Vorstellungen im Außen beeinflussen zu lassen. Das emotionale Essen ist in bestimmten Situationen weiterhin mein Wegbegleiter, abhängig von meinem inneren Stressempfinden und der damit verbundenen Balance.

Es gibt sie noch, die Momente, in denen der Drang, etwas zu essen, überwältigend ist. Es fühlt sich vertraut und bekannt an, weil ich dieses Verhaltensmuster den Großteil meines Lebens lang bediente. Aber ich lerne täglich mehr, damit umzugehen, das Verständnis aufzubringen, die Zusammenhänge zu erkennen und gesündere Wege zu finden, meine Emotionen anzunehmen. Dafür durfte ich vor allem lernen zu verstehen, warum ich aß und welche Bedürfnisse ich damit befriedigen wollte.

„Zwischen Reiz und Reaktion liegt ein Raum. In diesem Raum liegt unsere Macht zur Wahl unserer Reaktion. In unserer Reaktion liegen unsere Entwicklung und unsere Freiheit." (Viktor Frankl)

Die Freiheit beschreibt dabei für mich unsere bewussten Wahrnehmungen, unser bewusstes Erleben. Also unser Bewusstsein. Das Bewusstsein über eine

Situation oder ein Verhaltensmuster ist der erste Schritt für jede Veränderung. Wenn Dir nicht bewusst ist, dass Du handelst, wie Du handelst, wie willst Du es dann verändern?

Ein Beispiel, was wir sicher alle kennen, ist ein unbewusstes Streitgespräch in einer Partnerschaft. Es finden hitzige Wortgefechte statt, der Wortball fliegt hin und her, wie bei einem Ping-Pong-Spiel. Wenn wir uns der eigenen Emotionen und Reaktionen nicht bewusst sind, lassen wir uns tiefer in den Konflikt hineinziehen, ohne zu bemerken, wie unsere Emotionen uns dazu verleiten, emotional zu handeln oder die Situation zu eskalieren. Wir sagen Worte, die wir nicht so meinen, weil wir verletzt sind. Wir wollen unseren Partner von uns stoßen, um uns zu schützen. Und erst, wenn wir uns unserer eigenen Reaktionen bewusstwerden, können wir beginnen, die Kontrolle über unsere Emotionen zurückzugewinnen und liebevollere Kommunikationswege zu finden.

Das Bewusstsein für emotionales Essen könnte entstehen, wenn wir bemerken, dass wir regelmäßig große Mengen Essen konsumieren, insbesondere in stressigen oder emotional belastenden Situationen, ohne wirklich hungrig zu sein. Welche Tipps und Tricks Du im Alltag anwenden kannst, um aus diesen Situationen herauszufinden, erfährst Du im letzten Kapitel dieses Buches.

Was machst Du mit der Erkenntnis, nachdem sie Dir bewusst wurde? Wir dürfen wie Sherlock-Holmes mit einer Lupe in die jeweilige Situation reinzoomen. Wir dürfen Verständnis für die Ursachen und Hintergründe der Situation aufbringen. Das erfordert Selbstreflexion oder auch den Ratschlag einer Person Deines Vertrauens. Im Beispiel des emotionalen Essens könnte das Verständnis bedeuten, zu erkennen, dass das emotionale Essen auf ungesunde Bewältigungsmechanismen, wie Stress, Langeweile oder emotionale Instabilität, zurückzuführen ist. Wir könnten verstehen, dass das Essen kurzfristig Trost bietet, aber langfristig keine nachhaltige Lösung ist. Durch das Verständnis wird es aber möglich, bessere Lösungen zu finden.

Nachdem die Ursachen und Hintergründe der Situation verstanden wurden, ist es wichtig, sich von den Gewohnheiten oder Denkmustern zu lösen, die der gewünschten Veränderung im Weg stehen. Wir dürfen sie loslassen.

Loslassen bedeutet für mich, dass ich mich von einer Emotion, einer Erwartung oder einer Situation löse, indem ich sie innerlich annehme. Ich akzeptiere, dass etwas gerade ist, wie es ist, auch, wenn ich es aus dem ersten Impuls heraus verändern will. Widerstand erzeugt nur noch mehr Widerstand. Ebenso bedeutet es für mich, dass ich nicht an etwas festhalten muss, das mir nicht guttut.

Zum Beispiel beinhaltet für mich das Loslassen von Erwartungen, dass ich mich von starren Vorstellungen darüber, wie Dinge sein sollten oder wie sich Menschen verhalten sollten, lösen darf. Ebenso fühlt es sich sehr befreiend an, akzeptiert zu haben, dass ich nicht alles im Leben kontrollieren kann und Dinge geschehen zu lassen, ohne ständig eingreifen zu wollen.

Es kann auch erforderlich sein, in stressigen Situationen zu lernen „Nein" zu sagen, um gut für sich zu sorgen. In Bezug auf emotionales Essen bedeutet loslassen für mich, die Verbindung zwischen Emotionen und Essen bewusst zu durchbrechen, indem ich auf alternative Wege wie Meditation, Sport oder den Austausch mit Freunden zurückgreife.

Nachdem wir uns von den alten Gewohnheiten oder Denkmustern gelöst haben, dürfen wir uns neu ausrichten. Bei der Neuausrichtung können Irritationen in unserem Nervensystem auftauchen. Denn bis zu diesem Zeitpunkt folgten wir immer den vorgepflasterten Wegen, die uns bereits bekannt waren. Wenn wir uns entscheiden, einen neuen Weg einzuschlagen, der unbekannt ist, fühlt es sich zunächst wie ein aufregendes oder verunsicherndes Abenteuer an. Der Gedanke daran, uns auf ungewisses Terrain zu begeben, ohne zu wissen, was uns erwartet, kann beängstigend sein. Und gleichzeitig liegt dieser neue Weg voller Möglichkeiten und Chancen vor uns.

Wir haben die Möglichkeit uns neue Ziele, Werte oder Prioritäten zu setzen, die mit unserer Veränderung im Einklang stehen. Das kann bedeuten, ein bewusstes Essverhalten zu entwickeln. Anstatt gedankenlos zu essen, können wir beginnen, bewusster zu essen, indem wir uns die Zeit nehmen, um unsere Mahlzeiten zu genießen und auf die Signale unseres Körpers zu achten.

Wir können lernen, zwischen emotionalem Hunger und physischem Hunger zu unterscheiden und dann zu essen, wenn wir tatsächlich hungrig sind.

Ebenso können wir gesündere Gewohnheiten etablieren. Das könnte regelmäßige Bewegung, ausreichend Schlaf, Unternehmungen mit Freunden oder der bessere Umgang mit stressigen Situationen sein. Indem wir uns um unser allgemeines Wohlbefinden kümmern, können wir dazu beitragen, das Verlangen nach dem Essen zu reduzieren.

Der letzte Schritt beinhaltet die konkrete Umsetzung der neuen Ziele und Strategien im Alltag. Das erfordert Disziplin, Ausdauer, Nachhaltigkeit und die Bereitschaft, sich den Herausforderungen und Rückschlägen zu stellen. Eine Umsetzung könnte bedeuten, regelmäßig Achtsamkeitsübungen zu praktizieren und die Emotionen zu erkennen, wenn sie auftauchen. Und sich die Zeit zu nehmen, um zu reflektieren, warum wir uns so fühlen und anzuerkennen, dass es in Ordnung ist, sich so zu fühlen. Ebenso hilft es, die Gedanken und Gefühle in einem Tagebuch aufzuschreiben, um emotionale Auslöser für das Essverhalten zu identifizieren und sie zu verarbeiten und loszulassen.

Erinnerst Du Dich an das Beispiel mit dem Buch, das ich zu Beginn des Kapitels schilderte? Wir können versuchen zu tricksen und einzelne dieser Schritte zu überspringen, aber werden feststellen, dass wir mit der Zeit wieder an dem Punkt ankommen, den wir vermeiden wollten. Es ist wie eine unendliche Fahrt auf einem Karussell, wir drehen uns so lange im Kreis, bis wir die einzelnen Schritte durchlaufen haben.

Denn jeder Schritt spielt eine wichtige Rolle und baut auf den vorherigen auf. Der erste Schritt, sich des Problems oder der Herausforderung bewusst zu werden, ist entscheidend, um eine Veränderung überhaupt zu ermöglichen. Ohne dieses Bewusstsein erkennen wir nicht, dass eine Veränderung erforderlich ist, und werden keine Motivation aufbringen, die Schritte zu gehen.

Das Verständnis spielt eine entscheidende Rolle, da es uns ermöglicht, die Ursachen und Muster einer bestimmten Situation oder eines Verhaltens zu erkennen. Es hilft uns, tiefer in das jeweilige Thema einzusteigen und an der Ursache zu arbeiten, statt den Symptomen. Es hilft uns auch dabei, unsere Denkmuster, Überzeugungen und Annahmen zu hinterfragen und eigene Gedanken, Gefühle und Handlungen zu analysieren.

Ohne den Schritt des Loslassens können alte Muster, Überzeugungen oder Gewohnheiten weiterhin unser Verhalten beeinflussen und unsere Fortschritte und Erfolge beeinflussen. Er schenkt uns die Möglichkeit, alte Begrenzungen freizusetzen und den Platz für neue Verhaltensweisen zu schaffen.

Die Neuausrichtung wiederum ist entscheidend, um die Veränderung aktiv anzugehen und neue Wege einzuschlagen. Wenn wir diesen Schritt vermeiden, können wir in alten Mustern stecken bleiben und keine weiteren Schritte vornehmen, um unser Ziel zu erreichen.

Die Umsetzung ist der entscheidende Schritt, um die gewünschte Veränderung tatsächlich zu erreichen. Ohne konkrete Handlungen werden unsere Erkenntnisse und Absichten nicht in die Realität umgesetzt und die Veränderung bleibt nur eine Idee.

Wenn wir uns mit dem Thema des emotionalen Essens auseinandersetzen und in die Umsetzung der Veränderung kommen, ist es wahrscheinlich, dass wir auf Herausforderungen stoßen.

Es kann Tage geben, an denen alte Gewohnheiten wieder auftauchen oder wir in stressigen oder emotional belastenden Situationen dem Drang zu essen nachgeben. In solchen Momenten fühlen wir uns möglicherweise entmutigt und frustriert, als hätten wir versagt oder wären gescheitert.

Für mich ist es heutzutage normal und menschlich, Rückschläge zu erfahren und Fehler zu machen. Das ist ein natürlicher Bestandteil des Wachstumsprozesses im Leben. Wir verlassen unsere gewohnten Routinen, schlagen unbekannte Wege ein, sammeln neue Erfahrungen und haben die Gelegenheit, zu reflektieren und bewusst zu verstehen, was dazu geführt hat, dass wir in alte Verhaltensmuster zurückgefallen sind.

Wir erkennen unsere eigenen Grenzen, lernen uns selbst zu reflektieren, unsere persönlichen Bedürfnisse zu identifizieren und unseren Fokus neu auszurichten. Diese Selbstreflexion ermöglicht es uns, den Auslöser ausfindig zu machen und alternative Bewältigungsstrategien zu entwickeln, um besser mit unseren Emotionen umzugehen. Die Suche nach alternativen Lösungen kann zu Entdeckungen und Erkenntnissen führen, die wir uns nicht freiwillig ausgesucht hätten.

Scheitern ist eine subjektive Interpretation. Das bedeutet, dass die Wahrnehmung von Person zu Person variieren kann und stark von der eigenen Perspektive abhängt. Unsere Einstellung und unsere Interpretationen spielen dabei eine bedeutende Rolle.

Für mich ist Scheitern der erste Schritt auf dem Weg zum Erfolg. Meine Wahrheit ist, dass wir nur dann gescheitert sind, wenn wir uns nicht getraut haben, einen Schritt zu gehen oder uns einer Herausforderung zu stellen. Denn wir werden immer um eine Erfahrung reicher und lernen für das Leben dazu. Es ist ein neuer Anfang, der es uns ermöglicht, mit neuen Wegen zu experimentieren und uns neu zu erfinden.

Indem wir lernen, aus unseren Verhaltensweisen zu lernen und uns nicht von ihnen entmutigen zu lassen, können wir eine gesündere Beziehung zum Essen aufbauen und uns selbst dabei unterstützen, ein erfülltes und ausgewogenes Leben zu führen.

Das Leben gleicht oft einem Ozean voller Emotionen, der uns mit seinen unvorhersehbaren Wellen herausfordert. Statt zu versuchen, den Wellen auszuweichen, können wir uns darin üben, sie zu surfen. Wie ein Surfer auf seinem Brett können wir lernen, uns den Herausforderungen des Lebens zu stellen und sie mit Mut und Entschlossenheit anzunehmen. Wir können lernen, uns nicht von Angst und Zweifeln überwältigen zu lassen, sondern uns darauf zu konzentrieren, das Beste aus jeder Situation herauszuholen.

Das Reiten der Wellen des Lebens erfordert Mut, Flexibilität und Gelassenheit. Genau wie ein erfahrener Surfer sich den Veränderungen im Wasser anpasst und in Balance bleibt, können auch wir lernen, flexibel zu sein und uns an die sich ständig verändernden Umstände anzupassen.

In den Momenten, in denen wir das Gefühl haben, von einer großen Welle überrollt zu werden und uns hilflos zu fühlen, ist es wichtig, stabil auf dem Surfbrett stehen zu bleiben und darauf zu vertrauen, dass wir die Kraft haben, jede Situation, die uns begegnet, erfolgreich zu meistern.

Das Leben lehrt uns, im Hier und Jetzt zu leben und den Moment zu genießen. Wenn wir auf dem Wasser sind, gibt es keine Zeit für Gedanken an die Vergangenheit oder die Zukunft. Es gibt nur den Moment, den wir voll und ganz erleben.

Leben bedeutet für mich, die Wellen mit all ihren Höhen und Tiefen zu reiten, anstatt sie zu umgehen. Erlauben wir uns die Herausforderungen als Chance zum Wachstum zu sehen, können wir ein Leben führen, das uns Erfüllung und Zufriedenheit schenkt.

Bonus: Tipps & Tricks im Alltag

Willkommen im letzten Kapitel – einem Abschnitt mit praktischen Anleitungen und hilfreichen Werkzeugen, um besser mit Deinen Emotionen umgehen zu können.

Wenn Du bis hierhin gelesen hast, dann hast Du bereits wichtige Einsichten über die Aufgabe unseres Nervensystems, des Unterbewusstseins sowie des Bewusstseins gewonnen und gelernt, wie Du in die Beobachterperspektive Deines Lebensfilmes kommen kannst, anstatt die Hauptrolle mittendrin zu spielen.

Ebenso hast Du gelernt, wie Gedanken unsere Realität formen und welche Einflüsse sie auf unsere Emotionen haben. Du weißt auch, was Emotionen und Gefühle sind und, dass es wichtig ist, Deinen Körper bei Emotionen in die Aktion zu bringen.

Emotion ist Energie in Bewegung (e-motion = energy in motion).

Indem Du Dir der inneren Prozesse bewusstwirst und in die Rolle des Beobachters trittst, hast Du bereits den ersten Schritt auf dem Weg zur Selbstreflexion und der Selbstregulation gemacht. In diesem Kapitel werden wir uns darauf konzentrieren, wie Du diese neu gewonnene Fähigkeit in Deinem täglichen Leben anwenden kannst.

Bereit Deine Reise fortzusetzen? Lass uns gemeinsam eintauchen, ich zeige Dir praktische Tipps und Tricks, die Dich dabei zu unterstützen, emotionales Essen zu erkennen, zu verstehen und zu anzunehmen.

Übungen, um Dein Bewusstsein zu trainieren:

1. *Selbstbeobachtung ohne Bewertung:* Beobachte Dich bewusst in Deinem Alltag, ohne Dich selbst zu kritisieren oder zu verurteilen. Achte auf Deine Gedanken, Gefühle und Verhaltensweisen, insbesondere in Situationen, die herausfordernd für Dich sind oder starke Emotionen hervorrufen. Schreibe alles in einem Tagebuch oder Journal auf, um festzuhalten, was Dir auffällt und plane regelmäßig Zeit für eine Selbstreflexion ein.

2. *Erfolge notieren:* Deine Erfolge festzuhalten, mag simpel klingen, aber die Auswirkungen können enorm sein. Indem Du Dir bewusst Zeit nimmst, Deine eigenen Errungenschaften zu reflektieren und aufzuschreiben, stärkst Du das Bewusstsein für die positiven Verhaltensweisen und stärkst Dein Selbstbewusstsein. Ebenso kann es Dir leichter fallen, Deinen Fokus in herausfordernden Momenten auf die positiven Momente zu lenken und Dir Deiner Fortschritte bewusst zu werden.

Hier sind einige Beispiele für Erfolge:

- Du hast es geschafft Deinem Verlangen standzuhalten und vorteilhaftere Lebensmittel zu essen
- Du konntest emotionale Auslöser erkennen und hast Dir die Zeit für die Verarbeitung genommen
- Du hast eines Deiner Ziele, wie beispielsweise frei von emotionalen Essanfällen zu sein, bereits für einen bestimmten Zeitraum (Minuten, Stunden, Tage, Wochen) erreicht.

- Du erkennst und feierst kleine Fortschritte auf dem Weg zu einer gesunden Beziehung zum Essen, wie beispielsweise langsam zu essen oder Mahlzeiten achtsam zu genießen.
- Du erkennst negative Gedankengänge im Zusammenhang mit Essen und Deinem Körperbild und nimmst sie an.
- Du erreichst ein körperliches Ziel, wie beispielsweise ein verbessertes Energielevel.
- Du planst und bereitest leckere, gesunde Mahlzeiten vor, um in herausfordernden Situationen vorbereitet zu sein.

3. *Achtsamkeitsübungen:* Durch Achtsamkeit gelingt es Dir leichter, eine Verbindung zu Dir herzustellen. Eine der grundlegendsten Übungen ist der Fokus auf die Atmung. Hierbei konzentrierst Du Dich vollständig auf Deinen Atem, indem Du die einzelnen Ein- und Ausatmungen bewusst wahrnimmst, ohne etwas zu verändern. Alle Gedanken, die auftauchen, dürfen da sein und an Dir vorbeiziehen. Die wichtigste Aufmerksamkeit in diesem Moment ist der Fokus auf die Atmung. Diese Übung hilft dabei, Deinen Geist zu beruhigen und Dich aus dem Strom der Gedanken herauszunehmen.

Bauchatmung: Ein Beispiel für eine Atemtechnik ist die Bauchatmung, bei der Du bewusst darauf achtest, dass sich Dein Bauch beim Einatmen ausdehnt und beim Ausatmen wieder zusammenzieht. Diese Technik fördert eine tiefere Atmung und kann Stress reduzieren.

Setze Dich dafür in eine bequeme Position, entweder auf einem Stuhl mit geradem Rücken oder auf dem Boden mit gekreuzten Beinen. Lege eine Hand auf Deinen Bauch, direkt unterhalb Deines Brustkorbs, und die andere Hand auf Deine Brust. Atme langsam und tief durch die Nase ein und spüre, wie sich Dein Bauch unter Deiner Hand nach außen ausdehnt. Halte kurz den Atem an und atme dann langsam durch den Mund aus, wobei Du spürst, wie sich Dein Bauch wieder nach innen zieht. Wiederhole diese Übung mehrmals, während Du Dich vollständig auf Deine Atmung konzentrierst, Deine Gedanken vorbeiziehen lässt und zur Ruhe kommst.

Bodyscan: Eine weitere Achtsamkeitsübung, die das Bewusstsein schärfen kann, ist der Bodyscan. Diese Übung dient dazu, eine bewusste Wahrnehmung Deines eigenen Körpers zu entwickeln, Dein Bewusstsein für körperliche Empfindungen zu schärfen und dabei mögliche Spannungen oder Unbehagen in einzelnen Körperbereichen zu erkennen.

Vorbereitung: Suche Dir dafür einen ruhigen und ungestörten Ort, an dem Du Dich für die Dauer der Übung entspannend kannst. Lege Dich auf eine bequeme Unterlage, wie eine Yoga-Matte oder eine Decke, in einer Position, die für Dich angenehm ist. Du kannst Dich auf den Rücken legen, Deine Arme neben dem Körper oder auf den Bauch legen und die Beine leicht auseinanderstellen. Schließe langsam Deine Augen und nimm ein paar tiefe Atemzüge, um Dich zu entspannen und im gegenwärtigen Moment anzukommen.

Einleitung: Beginne nun damit, Deine Aufmerksamkeit auf Deinen Atem zu lenken. Spüre, wie sich Dein Bauch beim Einatmen hebt und beim Ausatmen senkt. Atme einige Male tief ein und aus, um Dich zu zentrieren.

Beginn des Bodyscans: Lenke deine Aufmerksamkeit auf Deine Füße, den linken und den rechten, bis Du bei Deinen Zehen ankommst. Spüre bewusst in jeden Zeh hinein, achte auf jegliche Empfindungen, wie Wärme, Kälte, Kribbeln oder Druck. Bewege Deine Aufmerksamkeit Stück für Stück und in Deiner eigenen Geschwindigkeit weiter zu den Fußsohlen, den Fußrücken, den Knöcheln, den Schienbeinen und schließlich den Waden. Nimm jeden Bereich des Körpers mit einer sanften, annehmenden Haltung wahr, ohne etwas ändern zu wollen.

Nun setzt Du Deine Aufmerksamkeit zu den Knien, den Oberschenkeln, der Hüfte, dem Beckenbereich und dem Gesäß fort. Achte darauf, jegliche Empfindungen ohne Bewertung zu beobachten und lasse sie einfach sein, wie sie sind.

So, wie Du es machst, machst Du es genau richtig.

Deine Aufmerksamkeit wandert langsam über den Bauch, die Brust, den Rücken, die Schultern, die Arme, die Hände, die Finger, den Nacken, den Kopf und das Gesicht. Nimm Dir Zeit, um jeden Bereich bewusst zu erkunden und auf mögliche Verspannungen oder Unbehagen zu achten.

Dein Atem dient Dir als Anker, um die Aufmerksamkeit durch Deinen Körper zu lenken und Dich zu beruhigen. Ich finde es hilfreich, mir dabei vorzustellen, wie ein goldenes Licht durch jeden einzelnen Bereich meines Körpers fließt.

Abschluss: Nachdem Du den gesamten Körper durchgescannt hast, nimm noch einmal einige tiefe Atemzüge und spüre Deinen ganzen Körper. Öffne langsam Deine Augen, Du kehrst mit einem Gefühl der Ruhe, Leichtigkeit und Achtsamkeit in den Raum zurück.

4. *Stelle Dir selbstreflektierende Fragen.* Diese sechs Fragen können Dir dabei helfen, Dein emotionales Essverhalten zu reflektieren und Bewusstsein dafür zu schaffen:

Wann neige ich dazu, aus emotionalen Gründen zu essen? Wenn Du die Auslöser dafür wie Stress, Traurigkeit, Langeweile oder Einsamkeit identifizierst, kannst Du ein Verständnis dafür entwickeln, welche Emotion das Verlangen nach Essen auslöst.

Wie fühle ich mich, bevor ich beginne, emotional essen zu wollen? Diese Frage hilft Dir dabei, bewusst auf die eigenen Gefühle zu achten, die das Verlangen nach Essen beeinflussen können.

Welche Gedanken beeinflussen mein emotionales Essverhalten? Indem Du Dir bewusst machst, welche Gedanken und Überzeugungen aktiviert werden, kannst

Du besser verstehen, warum Du dazu neigst, dem Verlangen nach Essen nachzugeben.

Welche undienlichen Gewohnheiten begleiten mein Leben? Erinnere Dich daran, dass Bewusstsein zu schaffen, der Türöffner dafür ist, dass eine Veränderung überhaupt greifbar wird. Möglicherweise sind Deine Gewohnheiten aktuell noch blinde Flecken. Wenn Du Dir bewusst machst, wie Du auf bestimmte Situationen reagierst, kannst Du in zukünftigen Situationen anders reagieren und damit auch ein anderes Resultat erzielen.

Wie fühle ich mich, nachdem ich aus emotionalen Gründen gegessen habe? Diese Frage hilft Dir dabei, ein tieferes Verständnis für die Auswirkungen des Essens auf Dein Wohlbefinden zu entwickeln. Du könntest Dich direkt danach erleichtert oder getröstet fühlen, weil es kurzfristig eine Ablenkung von den belastenden Emotionen schenkt. Es können auch Schuldgefühle oder das Gefühl innerer Leere auftreten, da die emotionalen Bedürfnisse nicht erfüllt wurden.

Welche Bedürfnisse versuche ich dadurch zu erfüllen? Die Frage zielt darauf ab, die emotionalen Bedürfnisse zu erkennen und einen Blick hinter die Kulissen zu wagen. Indem Du Dir bewusst machst, welche Bedürfnisse oder Sehnsüchte dahinterstecken, erhältst Du einen tieferen Einblick in dieses Thema und kannst alternative Wege finden, die eigentlichen Bedürfnisse zu erfüllen. Wünschst Du Dir stattdessen das Gefühl von Geborgenheit, Trost oder Wärme? Bist Du innerlich gestresst und möchtest Spannungen abbauen und Dich beruhigen? Oder setzt Du das Essen als Mittel ein, um unangenehme Emotionen zu unterdrücken?

5. *Lass Dich inspirieren.* Wir neigen dazu uns öfter nur eine Seite einer Medaille anzuschauen und verharren auf unserer Position. Bücher, Podcasts, Videos oder Gespräche mit inspirierenden Inhalten können Dir dabei helfen, Dein Bewusstsein zu erweitern und eine neue Perspektive einzunehmen. Unser Bewusstsein ist wie ein Raum, in dem verschiedene Fenster zu verschiedenen Perspektiven und Einsichten führen. Wenn wir nur eine Seite der Medaille betrachten, entspricht das dem Blick aus einem einzigen Fenster. Es bietet dir möglicherweise eine schöne Aussicht, aber es ist begrenzt und enthält nur einen eingeschränkten Blick auf die Welt. Erlaubst Du Dir die Medaille umzudrehen, öffnest Du eine Tür und betrittst einen Raum voller neuer Ideen, Gedanken und Perspektiven. Wir erkennen, dass jede Tür eine neue Möglichkeit darstellt, die Welt zu sehen und, dass wir durch das Erkunden verschiedener Perspektiven, eine neue, erweiterte Meinung bilden und ein erfüllteres Leben führen können.

6. *Akzeptanz & Transformation von Emotionen:* Finde einen ruhigen Ort, an dem Du Dich ungestört entspannen kannst. Setze Dich in eine bequeme Position, entweder auf einem Stuhl mit geradem Rücken oder auf dem Boden in die Lotus-Position. Deine Füße befinden

sich dabei oberhalb Deiner Oberschenkel. Stelle Deine Füße fest auf den Boden oder lege Deine Beine in den Lotussitz und beginne so, Dich bewusst zu erden. Spüre die Verbindung zwischen Deinem Körper und der Erde und erlaube Dir, tief in den Boden zu sinken, während Du Deine Aufmerksamkeit auf Deine Atmung lenkst, ohne sie kontrollieren oder verändern zu wollen. Spüre den natürlichen Fluss des Atems in Deinem Körper, wie er sanft ein- und ausströmt. Dabei atmest Du durch die Nase ein und durch den leicht geöffneten Mund wieder aus. Verweile einen Moment lang in dieser Atmung, um Dich zu zentrieren und im Hier und Jetzt anzukommen.

Erlaube Dir, Deine Emotionen bewusst wahrzunehmen, ohne sie zu bewerten oder zu analysieren. Sie sind einfach, wie sie sind. Vielleicht spürst Du ein Kribbeln im Bauch, eine Spannung in den Schultern oder ein Gefühl der Traurigkeit im Herzen. Erlaube diesen Empfindungen einfach zu sein, wie sie sind, ohne zu versuchen, sie zu ändern oder zu unterdrücken.

Nimm Dir all die Zeit, die Du brauchst und mache es in Deiner eigenen Geschwindigkeit. Bringe ein Gefühl der Akzeptanz und des Mitgefühls für Deine Emotionen auf.

Sage Dir selbst: „Es ist in Ordnung, zu fühlen, was da ist. Ich akzeptiere meine Emotionen, wie sie sind, ohne Bewertung oder Widerstand. Ich nehme sie an."

Lasse sie nun Stück für Stück los, indem Du Dich auf Deine Atmung konzentrierst und die Emotionen durch Dich hindurchfließen lässt. Beobachte, wie sie kommen und gehen, wie Wolken am Himmel vorbeiziehen.

Erlaube Dir, Dich leicht und frei zu fühlen, während Du die Emotionen einfach sein lässt, wie sie sind.

Stelle Dir vor, wie Du diese Energie in kreative Projekte und Selbstfürsorge umwandelst. Spüre, wie sich Deine Emotionen in positive Handlungen und Inspiration verwandeln und fühle mit jeder Faser Deines Körpers wie Du Dich fühlst, wenn Du diese Emotion angenommen hast.

Nimm wahr, an was für einem Ort Du Dich in dieser neuen Version, in der Dein Ziel bereits Realität geworden ist, befindest.

Nimm Deine Umgebung wahr, welche Gegenstände kannst Du wahrnehmen?

Was für Farben umgeben Dich?

Wie ist das Licht an diesem Ort?

Welche Menschen begegnen Dir?

Wen hast Du um Dich?

Was sagen sie über Dich?

Was sagst Du zu Dir selbst?

Tauche tief ein in diese neue Energie und nimm Dir all die Zeit, die Du brauchst.

Und, wenn Du soweit bist, kehre langsam in das Hier und Jetzt zurück, lenke Deine Aufmerksamkeit auf deine Atmung, bewege Deine Finger und Zehen, strecke Dich sanft und öffne dann langsam die Augen. Komme in Deiner Geschwindigkeit wieder im Hier und Jetzt an.

Schlusswort

Unser gegenwärtiges Leben ist das Ergebnis einer Vielzahl von Entscheidungen, die wir in der Vergangenheit getroffen haben. Von kleinen Alltagsentscheidungen bis hin zu großen Lebenswegen haben unsere Handlungen und Entscheidungen einen direkten Einfluss darauf, wo wir heute stehen und wer wir sind. Jede Entscheidung, die wir treffen, hat Konsequenzen – manchmal unmittelbar, manchmal erst in der Zukunft.

Zum Beispiel kann die Entscheidung, regelmäßig Sport zu treiben, zu einem gesünderen und aktiveren Lebensstil führen. Während die Entscheidung, ungünstige Lebensmittel zu sich zu nehmen, langfristig zu gesundheitlichen Herausforderungen führen kann.

Diese kleinen Entscheidungen summiert, formen unsere Gewohnheiten, unser Verhalten und letztendlich unsere Lebensqualität. Aber auch äußere Einflüsse, wie unsere Erziehung, unsere Umgebung und gesellschaftliche Normen, prägen unsere Entscheidungen und damit auch unser Leben.

Wir haben nicht immer die Kontrolle über die Umstände, mit denen wir in der Vergangenheit konfrontiert waren. Dennoch haben wir die Fähigkeit, unsere Zukunft durch die Entscheidungen zu formen, die wir heute treffen. Selbst, wenn wir mit Herausforderungen konfrontiert wurden oder Fehler in der Vergangenheit gemacht haben, haben wir immer die Möglichkeit, neue Wege einzuschlagen und unser Leben in eine positivere Richtung zu lenken.

Die Macht, unser Leben zu gestalten, liegt in unseren eigenen Händen und damit in unserer Verantwortung. Oft ist es einfacher, die Schuld für unser Unglück auf äußere Umstände oder andere Menschen zu schieben, aber das ist nicht die Wahrheit. Indem wir uns erlauben damit aufzuhören, Schuldzuweisungen zu machen, und stattdessen die Verantwortungen für unsere Handlungen und Entscheidungen übernehmen, können wir ein Leben gestalten, das uns erfüllt.

Wir machen unsere Eltern für unsere Erziehung verantwortlich, unseren Chef für unsere beruflichen Misserfolge oder unseren Partner für unsere persönlichen Herausforderungen. Doch indem wir anderen die Schuld geben, übergeben wir ihnen gleichzeitig das Zepter der Kontrolle über unser Leben. Wir werden ihre Marionette und erlauben ihnen Einfluss auf unsere Emotionen zu haben.

Wir alle sind die Architekten unseren eigenen Lebenshauses. Unser Leben wird nicht von äußeren Kräften oder anderen Menschen bestimmt, sondern von den Entscheidungen, die wir treffen und den Handlungen, die wir setzen. Selbstverantwortung bedeutet für mich, dass wir lernen dürfen, unsere Reaktionen auf die Herausforderungen des täglichen Lebens bewusst zu überprüfen und proaktiv nach Lösungen zu suchen.

Ich bin nicht meine Geschichte, sondern meine Geschichte ist meine größte Stärke.

Eine Erkenntnis, die ich lernen durfte, war, dass Selbstverantwortung bedeutet, dass wir die Verantwortung für unsere eigenen Bedürfnisse und Handlungen übernehmen, während ich gleichzeitig um Unterstützung und Hilfe bitten darf, wenn ich sie brauche.

Emotionales Essen war für mich eine Flucht vor meinem Leben und eine Quelle tiefer Unsicherheit und Scham. Eine der Konsequenzen dieses Verhaltens war, dass ich nie den Wunsch verspürte, eine eigene Familie zu gründen. Die Vorstellung, wie sich mein Körper während einer Schwangerschaft verändert und die Verantwortung für ein Kind zu tragen, raubte mir die Luft zum Atmen und führte zu einer riesigen Angst vor dem Unbekannten.

Doch das Leben hat seine eigenen Pläne und manchmal führt uns der Weg an Orte, an die wir nie gedacht hätten. Nach Jahren der Selbstreflexion, des Wachstums und der Heilung, wuchs mein Wunsch nach einer Familie. Heutzutage erfüllt mich der Gedanke daran mit einem Lächeln und ich bin offen für alles, was sein soll.

Wie Du weißt, habe ich jahrelang die Sichtbarkeit gemieden. Mittlerweile bin ich zwei Mal über einen Laufsteg gegangen, einer davon auf der Pariser Fashion Week, und habe dabei die Botschaft der Hoffnung und des Mutes verkörpert. Ich wollte anderen Menschen zeigen, dass alles möglich ist, auch sich für die Möglichkeiten zu öffnen, die das Leben bietet, unabhängig von den Herausforderungen, denen wir gegenüberstehen. Schönheit hat für mich keine bestimmte Form oder Größe, sie liegt in der Authentizität und Selbstakzeptanz und entsteht IN Dir.

Das Leben ist unvorhersehbar und die Veränderung ist die einzige Konstante.

Meine Reise ist noch lange nicht zu Ende, und ich weiß, dass es noch viele Herausforderungen und magische Momente geben wird, die auf mich warten. Aber ich bin bereit, die einzelnen Schritte jedes Weges zu gehen.

Und so endet mein Buch über das emotionale Essen – eine Reise durch die verworrenen Pfade unserer Gefühle und die verlockenden Versuchungen unseres Gaumens. Und während ich mich nun zurücklehne und diese Seiten schließe, möchte ich Dir meine tiefste Dankbarkeit aussprechen.

Danke für Deine Zeit, Deine Geduld und Deine Offenheit, dieses Buch zu lesen und Dich mit mir auf diese Reise zu begeben. Ich bin dankbar für Deine Bereitschaft, Dich mit den Herausforderungen des emotionalen Essens auseinanderzusetzen und nach Möglichkeiten zu suchen, Veränderungen anzustoßen. Ich bin dankbar für Deine Hoffnung und Deinen Glauben an die Chance auf eine schönere Zukunft.

Möge dieses Buch nicht nur eine Quelle der Inspiration sein, sondern auch ein Katalog voller Impulse auf Deinem eigenen Weg der Heilung und des Wachstums.

Auf zu neuen Abenteuern und Erkenntnissen, denn das nächste Kapitel wartet bereits darauf, von Dir geschrieben zu werden – mit einer Prise Mut und einer großen Portion Selbstliebe.

Ich wünsche Dir von Herzen alles Gute auf Deinem weiteren Weg.

Deine Christina

ÜBER CHRISTINA WALLINTIN

Christina Wallintin ist Mentorin für Selbstverwirklichung, authentische Podcasterin, Model und leidenschaftliche Autorin. Sie ist herzlich, vielseitig, kreativ und aufgeschlossen. Ihr Heimatort liegt im schönen Niedersachen in der Nähe von Gifhorn, wo sie die Ruhe, das morgendliche Vogelgezwitscher und die Natur von den malerischen  Wäldern bis hin zu den stillen Seen in vollen Zügen genießt. Die Reise zur persönlichen Selbstverwirklichung führt oft durch dunkle Täler, gespickt mit schmerzhaften Stolpersteinen. Christina begann bereits in jungen Jahren sich mit der fundamentalen Frage: „Wer bin ich im Kern?" auseinanderzusetzen und stieß dabei auf viele Hürden, die ihr beinahe den Mut geraubt hätten. Von Anpassung an gesellschaftliche Erwartungen, über Depressionen und Burnouts, bis hin zur Angst vor Sichtbarkeit – sie fand bei den einzelnen Rückschlagen die Kraft, weiterzugehen und brachte den Mut auf, ihre Ängste Schritt für Schritt zu überwinden. Als Mentorin motiviert und inspiriert sie Menschen, sich für das einzusetzen, was ihnen am Herzen liegt. Ihre Geschichte ist ein lebendiges Zeugnis dafür, dass jeder, egal welche Hürden auf dem Weg erscheinen, die Kraft hat, das Leben nach den eigenen Vorstellungen zu gestalten und sich selbst zu verwirklichen. Dafür geht sie stellvertretend als Model für all jene über den Laufsteg, die daran glauben, dass Träume wahr werden können.

Instagram: www.instagram.com/iam_christinawallintin
LinkedIn: www.linkedin.com/in/christinawallintin

III. **Vom Drama zum Sama**

von Patricia Maria Uhlig

Vorwort

Bei Essstörungen geht es nie ums Essen, sondern um Beziehungen. Deshalb geht es in diesem Teil der Trilogie ausschließlich um Dich. Wir widmen uns der wichtigsten Beziehung in Deinem Leben: der Beziehung zu Dir selbst.

Bist Du bereit Dich wahrhaftig kennen zu lernen?

Hier findest Du Antworten auf die Frage, wer Du in Wahrheit bist und vor allem bekommst Du die Chance, Dein Leben tiefgreifend und nachhaltig zu verändern. Die Erkenntnis Deiner eigenen Wahrheit sorgt für eine tiefe Verbundenheit mit Dir und Deinem Wesenskern.

Das klingt im ersten Moment vielleicht noch etwas surreal, oder?

Lies einfach ganz entspannt weiter, dieser Teil der Trilogie ist sehr praktisch. Du wirst Dir schon bald nicht nur besondere Fragen stellen, sondern auch neue, Dir dienliche, seelengeführte Handlungen vollbringen. Denn was glaubst Du passiert, wenn Du es Dir plötzlich wert bist, alles, was in Dir schlummert, an die Oberfläche zu holen?

Sobald Du Dich mit Dir selbst verbindest, gelingt es Dir auch in einer gesunden Beziehung mit Dir, Deinem Körper, Deinem Geist und Deiner Seele zu sein und das wirkt sich selbstverständlich auch auf die Beziehungen zu anderen Menschen aus.

Du darfst Deiner eigenen Verwundbarkeit Ausdruck verleihen, statt den Kontakt mit Dir selbst und anderen zu vermeiden und Dich zu isolieren. Du bist höchstwahrscheinlich kein Kind mehr und darfst nun Deine verletzliche und gleichzeitig so magische Seite an Dir entdecken, ohne dass Du das Gefühl hast, dass Du in Gefahr bist.

Für Deine Heilung ist es wichtig, dass Du Dich bereit erklärst in Verbindung zu kommen. Schluss mit dem Alleinsein. Dein Herz ist im Moment vielleicht noch etwas zu verschlossen, das wird sich im Laufe der nächsten Seiten verändern. Wenn Du eine Herzmauer um Dich herum gebaut hast, erlebst Du innerlich daher eine größere Distanz zu anderen, das stärkt wiederum Deine Verbindung zum Essen. Deshalb passiert es schnell, dass man in eine Sucht hineingleitet, einfach weil wir entscheiden, etwas nicht zu fühlen. Diese ENT-scheidung von diesem Gefühl, welches in uns aktiv ist, wird durch den Essanfall, das Essen verweigern oder andere Kompensationsstrategien unterdrückt. Es gibt einen Ausweg!

Jetzt ist es an der Zeit dieses Schauspiel zu beenden. Es geht in diesem Teil des Buches ganz einfach darum, endlich DU SELBST zu sein.

Und deshalb ein ganz herzliches Hallo an alle mutigen Seelen, die dieses Buch lesen und sich dadurch Hilfe oder Inspiration erhoffen. Ich kann Dir versprechen, dass dieses Buch Deine Welt verändern wird, wenn Du alles anwendest, was Dir hier zur Verfügung gestellt wird.

Ich bin Patricia Maria Uhlig, Mentorin für Seelenführung und habe in den letzten Jahren unzählige Menschen in ihre tiefe innere Verbundenheit mit sich selbst und in ihre erfüllende Selbstermächtigung begleitet.

Vielleicht wunderst Du Dich etwas über den Titel des letzten Teils unseres gemeinsamen Power-Frauen-Werkes:

Vom Drama zum Sama.

Ein Titel, den ich bereits vor vier Jahren empfangen habe und nun ergibt er, während ich dieses Buch schreibe, endlich Sinn. Für Dich vielleicht noch nicht ganz, denn wer weiß schon aus dem Stehgreif, was Sama bedeutet?

Sama ist ein weiblicher Name arabischer Herkunft, der Himmel bedeutet. Das habe ich erst einige Zeit später herausgefunden, lange nachdem ich diesen Titel aus einer anderen Ebene empfangen habe.

Für mich ergibt er jetzt endlich unglaublich viel Sinn und klingt durch die Unbekanntheit des Wortes Sama leicht geheimnisvoll. Geheimnisse sind, wenn sie uns nähren, sinnvoll, lebensbejahend und erweiternd. Doch gibt es auch diese andere Art von Geheimnissen, die uns unwohl fühlen lassen oder durch die wir uns in irgendeiner Weise von unserem wahren, freien Leben eingeschränkt fühlen.

Was, wenn es nun an der Zeit ist, endlich das Geheimnis zu lüften, das Dich oder eine nahe Betroffene in Deinem Umkreis stark belastet und nur ein halbherziges Leben führen lässt? Was, wenn es bald kein Geheimnis mehr sein muss, was nachhaltig hilft bei Essstörungen und vielen anderen Süchten?

Ich werde in dieser Trilogie weder von weiteren Therapieformen berichten, noch bin ich Ärztin. Mir persönlich geht es ausschließlich um die geistige und seelische Komponente, durch die der Körper positive Veränderung erleben kann. Außerdem geht es um die Kraft, die wir durch ein seelengeführtes Leben automatisch aus uns selbst heraus entwickeln. Diesen Weg werde ich Dir in den folgenden Kapiteln aufzeigen und Du wirst Lösungen dafür bekommen mit praktischen Tools (lebensverändernde Fragen, Meditationen und Heilungstrancen), die Du Dir direkt downloaden kannst.

Ich bin eine Freundin der Praxis und der Tat. Denn was bringt es noch mehr Wissen anzuhäufen, ohne tatsächlich in die Umsetzung zu kommen?

Richtig. Rein gar nichts!

Wir leben in einem TUNiversum und dürfen lernen so zu handeln, wie es unserer Wahrheit und der göttlichen Ordnung entspricht. Ja, auch ich habe einen langen Weg der unendlichen Suche hinter mir und bin Betroffene des unstillbaren Lebenshungers. Ich habe in den Jahren meiner Sinnsuche etliche Ausbildungen, Seminare und Weiterbildungen absolviert. Allerdings nur um festzustellen, dass ich nichts anderes brauche, um ein sinnhaftes und erfülltes Leben zu führen, außer auf meine Seelenstimme zu hören und ihr aktiv zu folgen.

Warum das auf Deinem Heilungsweg essenziell ist, erfährst Du später. Auch Du hast eine allwissende, weise Seelenstimme und auch Du wirst sie von Deinem Verstand unterscheiden lernen.

Um die Erklärung des Buchtitels abschließen zu können, fehlt noch der andere Teil des Titels: die Drama-Komponente.

Glaubt mir, diesen Part habe ich persönlich selbst jahrelang zur Genüge erfolgreich erprobt und erlebt. Ich war wahrhaftig eine Drama-Queen, bis ich anfing, durch verschiedene traumatische und auch positive, eindrückliche Ereignisse, meinen Herzensweg zu beschreiten und vor allem meine Berufung zu leben.

Falls Dich meine Geschichte interessiert, lies gerne hier nach: www.soulleading.de.

In diesem Teil des Buches soll es nun nicht um mich, sondern vor allem um Dich und den Ausweg aus Deiner „alten Geschichte" gehen. In meinem Part dieser Trilogie geht es um die theoretische und praktische Anwendung neuer Lebenskonzepte.

Willst Du wissen, warum ich überhaupt theoretische Erklärungen verwende?

Um Deinen Verstand mitzunehmen, er hat mindestens genauso viel Wert und Beachtung wie Dein Herz verdient. Auch er hat seine Berechtigung. Sonst wäre er nicht gottgegeben und außerdem stellt sich mir hier die Frage, mit was genau unser Kopf dann gefüllt wäre, wenn nicht mit unserem Verstand?

Damit wir uns überhaupt auf unseren Herzensweg einlassen können, müssen wir unseren Verstand liebevoll auf unserem (Seelen-)Weg integrieren. Er darf sich sicher fühlen und Aufgaben übernehmen, für die er da ist. Beispielsweise kalkulieren, vergleichen, Wissen anhäufen, verstehen oder Fragen stellen.

Im Moment befindest Du Dich höchstwahrscheinlich noch auf der Dramaseite und würdest sicher gerne wissen und erfahren, was es braucht, um vom Drama zum Sama zu gelangen, oder?

Bist Du wirklich bereit, Dich aus Deinem Drama – ich sag es wie es ist – aus Deiner Hölle, in den Himmel emporzuheben?

Du kannst Dir sicher vorstellen, dass es absolute Ehrlichkeit Dir selbst gegenüber bedeutet, diesen Entschluss jetzt zu fassen.

Schluss mit Selbstbetrug!

Ja, das hört sich krass an. Doch in Wahrheit betrügen wir uns alle auf gewisse Art und Weise selbst. Das erkennen wir daran, dass wir in einem oder mehreren Lebensbereichen unzufrieden sind und ständig auf der nie endenden Suche nach Erfüllung streben.

Es gibt bei jedem Menschen blinde Flecken und Situationen, die er sich schönredet. Es ist nämlich viel leichter in den gewohnten Umständen zu bleiben. Denn diesen chemischen Cocktail, den wir täglich ausschütten und dem wir unbewusst folgen, kennt unser Körper. Da fühlen wir uns, so absurd es ist, einfach sicher!

Bist Du bereit Deinen Selbstbetrug aufzudecken und endlich das Leben zu leben, das Dir aus tiefstem Herzen selbst entspricht?

Auch wenn es sich erst einmal neu und unsicher anfühlt?

Dann lies weiter.

Sonst lass es.

Ich meine das so, wie ich das schreibe.

Du entscheidest jetzt, nach alldem, was Du in diesem Buch bisher gelesen hast, ob Du wirklich bereit bist in die Aktion und Verantwortung zu treten, um Dein Leben wahrheitsgemäß zu leben.

Ganz konkret: Bist Du bereit den Opferteil in Dir aufzugeben, um zum Schöpfer Deines Lebens zu werden?

Egal, welche Form der Essstörung, Sucht oder Kompensationsstrategie Du hast, völlig egal, ob es sich um eine zeitweise Essstörung oder um eine äußerst akute Essstörung handelt:

Du kannst es schaffen, Dich selbst daraus zu befreien. Wenn Du diese Worte, Meditationen und Fragetechniken nutzt, die ich Dir im Folgenden an die Hand gebe. Das hier kann Deine Abkürzung sein. Ich bin den Weg gegangen und habe mich selbst befreit. Du darfst und sollst Dir Hilfe holen. Das erleichtert alles. Nutze sie!

Das erste, das Dir jetzt bewusstwerden darf, ist, dass Dein Körper durch die Essstörung ausdrückt, dass Deine Seele am Verhungern ist, weil Du nicht in Beziehung mir Dir und Deinem wahren Kern bist!

Es ist kein Zufall, dass es meine Berufung ist, Menschen mit ihrem Kern zu verbinden, so dass sie sich endlich von ihrer Seele leiten lassen. Dein seelengeführtes Leben ist die pure Heilung und Entfaltung Deines gesamten Potenzials on top.

Glaubst Du an Zu-Fälle?

Frag Dich jetzt:

Willst Du endlich leben oder weiterhin dahinvegetieren, bis es irgendwann einmal tatsächlich vorbei ist?

Bist Du bereit, Dein Leben als Geschenk, als Sama, anzuerkennen oder möchtest Du es verschwenden, als Drama?

Wichtig ist mir noch zu sagen, dass Dein Heilungsweg und auch das, was Du vielleicht gerade (noch) erlebst, keine Zeitverschwendung war, vor allem dann nicht, wenn Du nun endlich umkehrst. Umkehrst in Dein Licht. Denn nur dort, wo Dunkelheit herrscht, können wir auch das Licht erkennen und erfahren. Es ist schon richtig und gut, dass wir den Kontrast, also die dunkle, negative Seite erleben. Es geht lediglich darum, zu entscheiden nicht dauerhaft in diesem Kontrast stecken zu bleiben. Hätten wir keine vermeintlich negativen Erfahrungen, könnten wir uns auch nicht daraus emporheben.

Bevor wir ins praktische Tun kommen, ist es sehr wichtig, dass Du verstehst, warum Du diese Essstörung hast.

Dein neuer Blick auf Dich und Deine Kompensation

Ein Aspekt hinter einem Ess-Brechanfall ist, dass wir uns einen Kontrollmechanismus ausgesucht haben, den Essanfall. Es gibt einen Trigger, der Emotionen in Dir hochkommen lässt, mit denen Du nicht umgehen kannst. Etwas schießt hoch, der Körper reagiert direkt. Trigger, welche die Emotionen in Dir hochkochen lassen, können tiefe Urängste wie Schuld, Scham oder Wut sein. In so einem Fall kommt extrem viel Energie mit und überrollt einen dann förmlich. Du entscheidest Dich für den Mechanismus des Ess-Brechanfalls, statt die Emotion hochkommen zu lassen.

Was besonders spannend ist, ist, dass diese Emotion, die nicht zum Ausdruck gebracht wird, durch das Kehl-Chakra hochkommen würde. Das heißt, Du müsstest in diesem Moment Deinem Gefühl Ausdruck verleihen, beispielsweise dadurch, dass Du es aussprichst.

Wichtig und heilsam wäre in diesem Moment, Dich zum Ausdruck zu bringen, Deine Emotionen, Deine Bedürfnisse, Deine Wahrheit. Wie sehr erlaubst Du Dir, Dich zum Ausdruck zu bringen?

Statt Dich und Deine Wahrheit zum Ausdruck zu bringen, statt die tieferliegende Emotion zu erleben, hast Du Dich für den Essanfall entschieden. Daher geht es ab sofort darum gesunde Muster zu finden, die Dir helfen, Dich zum Ausdruck zu bringen. Dein Körper muss diese Stressreaktionen, diese biochemischen Prozesse verarbeiten. Alles fängt im feinstofflichen Bereich an und geht dann erst über in die Materie, in den Körper. Das bedeutet, wir können selbst einiges ändern und neue Intentionen setzen.

Es geht darum, in Deinem eigenen Tempo Deinen emotionalen Keller aufzuräumen. Dein Unterbewusstsein hat so vieles gespeichert, das werden wir nach und nach an die Oberfläche holen, um Dich von Deiner Last zu befreien. Keine Sorge, Dein Heilungsweg ist nicht nur eine anstrengende Umstellung, er wird Dich unglaublich beflügeln. Du bist hier, um Deinen Seelenweg zu gehen. Deine Seele will sich entfalten. Wir sortieren lediglich aus, was Dir nicht mehr dienlich ist. Denn was bedeutet denn Nahrung aufnehmen?

Leben.

Liebe.

Es bedeutet: Alles reinholen, was zur Verfügung steht. Das fühlen, was gerade da ist. Bedingungslos. Das annehmen, was sich zeigt. Das in Dir erleben. Statt Dich davon abzutrennen. Das Einzige, das tatsächlich hilft, ist das, was da ist, zu fühlen. Tun wir es nicht, greift die Essstörung.

Die gestörte Nahrungsaufnahme zeigt Deine innere Leere. Deine innere Leere erzeugt einen Selbsthass und die Ablehnung des eigenen Körpers. Die Abtrennung des Körpers. Der Akt der Bulimie beispielsweise ist ein Akt der Selbstzerstörung.

Merkst Du, dass Du Dich selbst zerstörst? Es ist eine Energie da, die Dich selbst zerstören will. Diese Energie ist in Dir, nicht außerhalb von Dir. Was, wenn Du sie durch Dein Verdrängen selbst erschaffen hast?

Nun sind wir am wichtigsten Punkt angelangt. Darum geht's im Kern: Selbstverleugnung.

Du verleugnest Dich und Deine Wahrheit.

Und die Wahrheit ist: In Dir schlummert ein Paradies.

Nun machen wir uns auf den Weg von Deiner Selbstverleugnung (Drama) hin zu Deiner Selbstermächtigung (Sama).

Klingt gut? Okay, dann komm mit!

Deine neue Lebenseinstellung

Mutig und toll, Du liest weiter! Es ist unglaublich kraftvoll, dass Du Dich traust genau hinzuschauen und jetzt mit der Veränderung beginnst. Sei stolz auf Dich, denn es wäre bequemer, genauso weiterzumachen wie bisher.

Jetzt geht es darum, Dein „Seelenfutter" in Dir zu finden, damit die Essstörungen ein für alle Mal verhungern. Deine neue Lebenseinstellung wird ab sofort sehr viel damit zu tun haben, was Dich wirklich nährt.

Wenn Du die nachfolgenden Worte nicht einfach liest, sondern sie als Chance siehst und wahrhaftig nutzt, dann wird dieses Buch Dein Leben verändern. Hier ist es wie mit allem: Du kannst dieses Buch zu den anderen in Dein Bücherregal stellen oder Du saugst jedes Wort auf, liest es nochmal und nochmal, arbeitest damit und lässt das Buch mit Dir arbeiten. Du hast die Wahl.

Der heutige Tag kann ein weiterer Tag Deines Lebens sein oder Tag EINS.

Das ist ein grundlegender Unterschied.

Bist Du bereit diese Chance Deines Lebens zu nutzen? Wenn Du die Worte aufsaugst, die Übungen machst und die Meditationen hörst, programmierst Du Deinen Lebenshunger in Lebens-Fülle um. Nutze diesen Teil des Buches, um aktiv mitzumachen und hol Dir jetzt einen Marker und einen Stift für Notizen. Denn alles, was Du aufschreibst, holst Du aus der geistigen Ebene in die Materie. Damit verändert sich bereits die Wirkung.

Veränderung beginnt immer mit einem ersten Schritt. Von dort aus gelangst Du nach und nach in eine innere Verbundenheit, in eine Sicherheit aus Dir selbst, aus Deinem Inneren heraus. Von dort aus erlebst Du Fülle. Fülle bedeutet innerer Reichtum. Und auf Deinen inneren Reichtum folgt natürlich auch der im Außen. In jedem Lebensbereich. Es geht nur von innen nach außen. Ich zeig Dir wie.

Na, bist Du es Dir wert, dieses Experiment zu wagen?

Du brauchst jetzt nur eins: Dein commitment, Deine letzte Ressource. Du kannst das. Auch ich habe mein Leben mit Seelenführung vom Drama zum Sama verwandelt. Es ist an der Zeit, Dich auf diesen Prozess einzulassen. Nicht umsonst liest Du nun diese Zeilen. Zufall: Was, wenn Dir endlich zu-fällt, wonach Du Dich längst gesehnt hast?

Deine neue Lebenseinstellung könnte sein, dass Du Dich nun öffnest, mit neuem Bewusstsein auf die Dinge blickst und bereit bist, Dich von innen heraus zu verändern. Von dort aus, wo der Schmerz sitzt, der Deinen Lebenshunger unbefriedigt lässt.

Bereit?

Deine ersten seelengeführten Schritte

Soulleading –

Etwas in Dir sagt Dir, dass es an der Zeit ist, einen neuen Weg einzuschlagen. Deinen eigenen Weg. Deinen selbstbestimmten Weg. Deinen Weg in Deine Selbstermächtigung gemäß Deinem Seelenplan.

Wenn Du diesen Ruf in Dir spürst und eine unendliche Sehnsucht in Dir trägst, weil Du weißt Du bist aus einem ganz bestimmten Grund geboren, dann sind diese Zeilen für Dich. Du willst endlich Deine Bestimmung leben und alles eliminieren, was Dich davon abhält, voll in Deine Kraft zu kommen.

Alles, was Du jetzt für Dein Leben in absoluter Fülle und Selbstermächtigung brauchst, ist Deine Entscheidung, Verantwortung zu übernehmen. Erst im zweiten Schritt geht es darum, Deinen Seelenimpulsen zu folgen. Den Entschluss, Verantwortung zu übernehmen, hast Du bereits getroffen.

Deshalb können wir direkt zum zweiten Schritt übergehen.

Stell Dir vor, Du könntest Deine Seelenstimme hören.

Ich höre die Seelenstimmen der Menschen seit meiner Kindheit glasklar und bringe seit Jahren anderen Menschen bei, ihre innere allwissende Stimme zu hören, um ihr dann auch zu folgen. In Wahrheit ist „beibringen" das falsche Wort. Ich erinnere die Menschen und ihr komplettes System an diese freie, erfüllte Ebene des Seins. Wir haben alle den Zugang dazu, wir müssen ihn nur freilegen.

Deine innere, weise allwissende Seelenstimme ist so natürlich wie der Fluss des Lebens. Es gibt nur eine Instanz in uns, die die Seelenstimme auf ein Podest stellt, die meint sie müsse mit einem lauten Knall und Tamtam auftauchen und das ist die Instanz Verstand.

Er wird die Seelenstimme niemals als wertvoll, sicher oder ausreichend bewerten. Allerdings können wir ihm eine Aufgabe geben, um ihn für eine gewisse Zeit ruhig zu stellen. Dein Verstand darf in Zukunft die Fragen stellen und Deine innere, allwissende Stimme in Dir antwortet. Dein Verstand wird mit der Antwort selbstverständlich nicht einverstanden sein, er wird sie bewerten und anzweifeln. Das hört auch nie auf. Das Ende des Zweifelns ist auch nicht das Ziel. Es ist überhaupt nicht notwendig, damit aufzuhören. Deine Zweifel werden immer ein Teil von Dir sein. Doch Deine innere, allwissende Stimme wird lauter. Viel lauter. Du wirst den Wahrheitsgehalt und die Lebensveränderung so stark wahrnehmen, dass Du dieser Stimme in Dir einfach folgen „musst".

Die praktische Übung und Vertiefung werden Dir innere Sicherheit darin geben, Deiner inneren Stimme zu vertrauen und Deinen Verstand reden zu lassen. Das ist völlig ausreichend. Damit Dein Verstand versteht, was

ihn ausmacht und woran er die Seelenstimme erkennt,
lies hier die Theorie dazu:

Dein Verstand…
- bewertet.
- zweifelt.
- hat Bedenken.
- ist unglaublich schnell.
- schwankt.
- ist verbunden mit Gefühlen.
- bringt Botschaften mit Angst.
- sagt ganze Sätze mit Begründung.
- macht viel Wind um nichts.
- ist aktiv, wenn wir nicht entspannt sind.
- hält an allem fest.
- will bleiben, wo er ist.
- umfasst nur, was er kennt.
- widerspricht Deiner Seelenstimme, weil er nicht die absolute Wahrheit erkennt.
- verengt Dein Herz minimal.
- lässt Dich etwas Druck oder Enge wahrnehmen.

Deine Seelenstimme…
- ist klar.
- ist subtil.
- ist immer da und war auch schon da, bevor der Verstand die Frage gestellt hat.
- ist ohne Gefühl, ohne Emotion.
- ist weise.
- ist zeitlos.
- ist ohne Druck.

- ist auf Wachstum ausgerichtet.
- ist jederzeit abrufbar.
- ist komplett neutral, das Gefühl wird danach ausgelöst.
- ist leise.
- besteht aus einzelnen Worten, die völlig neutral aneinandergereiht sind.
- ist wahr und Du weißt es.
- ist ohne Satzstellung.
- ist einfach.
- ist in der Entspannung wahrnehmbar.
- umfasst das große Ganze.
- ist das, was als erstes da war.
- lässt Dein Herz neutral oder es weitet sich minimal bei einem Ja.
- fühlt sich wärmer oder lichtvoller an in Dir bei einem Ja.

Vielleicht fragst Du Dich, warum es sich lohnen sollte, fließend soulisch (seelisch) zu sprechen.

Dabei hilft Dir Deine Seelenstimme:

Du weißt zu jeder Zeit was zu tun ist. Und das in allen Lebensbereichen. Du triffst nur noch die für Dich richtigen Entscheidungen. Du bist immer auf dem richtigen Weg. Wir können auf dieser Ebene mit unserer Seele und auch mit anderen kommunizieren. Sogar mit Deinem Business, Deinen Ahnen, Deinem zukünftigen Partner und allem, was Du in der Welt erschaffen hast und erschaffen wirst.

Stell Dir vor Du würdest bei allen wichtigen Entscheidungen keine Fehler mehr machen. Wie genial wäre es, wenn Du mit etwas Übung bald ein Gespräch mit Deiner Seele wie mit einem guten Freund führen kannst? So bist Du zu jederzeit sicher und geführt. Es gibt nichts mehr, das offen ist, denn Deine Seele kennt den Weg. Du weißt genau, was Dich nährt und Dein Herz vor Freude hüpfen lässt. Dann geht es nur noch darum, dass Du dieser allwissenden Stimme in Dir folgst. Das ist einfach, glaub mir. In all meinen Seminaren und Begleitungen stellen die Soulis (wie ich meine Kunden nenne) immer wieder fest, dass sie das relativ schnell verinnerlichen und plötzlich verändert sich das Leben von Frust in Lust. Klingt zu schön, um wahr zu sein?

Versuch es! Was hast Du zu verlieren?

Dein Herz kennt Deinen Weg

So, wir gehen jetzt direkt in die Praxis. Denn in Wahrheit nährt uns nur eins, egal ob uns Essstörungen, Depressionen oder sonstige Leiden den Weg versperren: Der Weg unseres Herzens ist das, was uns langfristige Heilung bringt.

Soulisches Training:
Schließe Deine Augen, wenn Du magst, höre schöne, emotionale Musik. Bring Dich in eine ruhige, entspannte Stimmung. Du kannst Deine innere Stimme zuerst vor allem in der Stille wahrnehmen. Sieh zu, dass Du ungestört bist. Lege Dein Handy weg und erlaube Dir, Dir Zeit und Raum für Dich zu nehmen.

Du stellst Dir jetzt gleich eine wichtige Frage und öffnest Dich einfach für den Empfang Deiner inneren Weisheit.

Die Intention reicht völlig aus. Du entscheidest Dich zu empfangen. Dafür gibt es nichts weiter zu tun. Im Anschluss hast Du die Möglichkeit, Deine Antworten einzutragen.

Ganz egal, ob Du Bilder siehst, Impulse in Form von Gedanken bekommst, Dein inneres Hellwissen aktiv ist oder Du einfach fühlst, erlaube Dir alles zu empfangen, was sich Dir offenbart. Denn das sind die ersten Botschaften Deiner Seele. Dein Verstand möchte eventuell viel mehr, es reicht ihm nicht aus, was Du wahrnimmst und er zweifelt oder bewertet das Ganze. Mach Dir das einfach bewusst und folge dennoch dieser vorerst subtilen Wahrnehmung in Dir. Es ist weder besser noch schlechter, Deine innere Stimme zu hören oder erst einmal Bilder zu empfangen. Alles, was sich jetzt öffnet, ist wunderbar. Versuche, Dir keinen Druck zu machen. Deine innere Stimme ist nur im Empfangsmodus wahrnehmbar. Fokussiere Dich auf Deinen Atem und entspanne Dich. Richte Deinen Blick von innen nach außen. Zentriere Dich auf Deine Brustmitte, Deinen spirituellen Herzraum. Atme weiter. Bleib da mit Deiner Aufmerksamkeit. Entspanne noch mehr und gib dann Deinem Verstand die Aufgabe, die erste Frage zu stellen. Nimm die leise, subtile Antwort wahr. Sie war bereits da, bevor Dein Verstand die Frage zu Ende formuliert hat. Stelle diese Frage noch einmal, die Antwort bleibt dieselbe. Falls Du Dir schon sicher bist, geh direkt zur nächsten Frage über.

Für den Anfang stelle Dir höchstens drei oder vier Fragen. Das reicht völlig aus. Selbst, wenn Du jetzt noch nichts empfangen hast, hast Du Dich für Deine innere Welt geöffnet und dieses Feld genährt. Wichtig ist, dass Du Dich immer wieder auf Dein Inneres fokussierst und präsent in der Wahrnehmung bleibst. Das ist ein Training und eventuell ein Prozess. Stell es Dir vor wie ein inneres Muskeltraining. So lange war Dein Fokus im Außen. Du warst viel zu sehr abgelenkt durch äußere Erwartungen, sonst hättest Du keine Essstörung. Deshalb feiere diesen Entschluss von Dir, nun Verantwortung zu übernehmen und Dich von innen nach außen zu nähren! Das ist der Weg.

Sei stolz auf Dich und Deinen ersten seelengeführten Schritt.

Schreibe hier Deine Fragen und Antworten auf:

1. ....

....

....

....

....

....

....

....

2. ....

....

....

....

....

....

....

....

3. ....

....

....

....

....

....

....

....

....

Im Anschluss, wenn Du diese Übung selbst gemacht hast, höre nun gerne für Deine Vertiefung diese Meditation:

Höre Dir nun die Audio „Meditation für Deinen Seelenplan" an und nutze den QR-Code:

Doch bitte übernimm weiterhin täglich zuerst selbst das Ruder. Du bist nicht Deine Gedanken oder Gefühle, Du bist die Lücke zwischen Deinen Gedanken. Versuchs mal:

Beobachte Deine Gedanken. Dabei stellst Du schon fest, dass Du beobachten kannst, richtig? Also kannst Du nicht Deine Gedanken sein.

Nun gehe einen Schritt weiter und beobachte Deinen ersten Gedanken und den darauffolgenden.

Zwischen diesen zwei Gedanken ist eine Lücke, richtig?

Wenn Du Dich in Deiner Wahrnehmung übst, vergrößert sich die Lücke zwischen Deinen Gedanken automatisch. Das Resultat ist, dass Du Dich nicht mehr mit Deinen Geschichten identifizierst. Unsere Geschichten, die täglich in unserem Kopf ablaufen, sind durch unsere vergangenen Erfahrungen, unsere Kindheit geprägt. Es ist unsere Verantwortung, diese Geschichten, die wir uns erzählen, zu erkennen, um sie zu transformieren und uns daraus emporzuheben. Da liegt das Sama! Genau hier, wenn wir erkennen, dass diese Geschichten gar nicht mehr unserer Wahrheit entsprechen oder noch nie entsprochen haben. Es geht nicht um Verurteilung oder Bewertung dieser Geschichten, sondern lediglich darum, sie zu erkennen. Nur so können wir entscheiden, ob wir das weiterhin glauben wollen. Beispielsweise, dass wir um Liebe kämpfen müssen, weil wir abgespeichert haben, dass wir es nicht wert sind, geliebt zu werden.

Diese Gedanken laufen unterbewusst ab. Wenn das passende Gefühl, das wir nicht fühlen wollen, an die Oberfläche kommt, verweigern wir das Essen, stopfen uns damit voll oder erbrechen es. All das hat seinen tieferen Ursprung in Geschichten, die wir über uns glauben und nicht fühlen wollen. Damit gehen wir später in die praktische Umsetzung. Fürs erste geht es deshalb darum, diese Bewusstseinslücke, die Du in Wahrheit bist, zu erweitern.

Natürlich ist es sehr hilfreich, jegliches Tool zu nutzen, um vom äußeren Erlebten in Dein Inneres zu gelangen. Dafür kannst und sollst Du mit Meditationen in Deinen Tag starten. Doch nicht immer hast Du dreißig Minuten oder länger Zeit, daher nutze den folgenden Tipp, wenn Du morgens weniger Zeit hast:

Wache ab sofort immer als Bewusstsein in einem menschlichen Körper auf.

Wie das geht?

Sag Dir einfach: „Guten Morgen, ich bin Bewusstsein in einem menschlichen Körper" und fokussiere Dich auf Deine Brustmitte von innen nach außen. Du bist hinter Deinen Augen.

Oder: „Ich bin Seele in einem menschlichen Körper. Ich aktiviere dieses Feld in mir und um mich herum durch alle Schichten des Universums."

Nutze Worte, die Dir entsprechen und sich stimmig anfühlen. Somit bist Du automatisch im Einklang mit Deinem Körper, von dem Du Dich Durch die Essstörung bisher getrennt hast. Wenn Du magst, stell Dir vor, wie sich Dein Herzraum mehr und mehr öffnet und lenke gerne auch Deinen Atem in diesen Körperbereich. Für Deinen Verstand: Es reicht völlig aus, diese Übung direkt nach dem Aufwachen für eine bis fünf Minuten zu praktizieren.

Das ist bereits eine immense Veränderung. Da Materie langsamer schwingt als das Feinstoffliche, ist es wichtig, dass Du diese Innenschau täglich weiter trainierst, bis Du erste Erfolge im Außen erkennst. Erste Erfolge sind Türen, die sich Dir öffnen. Gefühle der Verbundenheit. Weniger Gedanken und Handlungen, die Dich von Deinem Körper und Deiner Seele trennen.

Dein gesamtes System programmiert sich auf diese Weise um. Es erkennt, dass Du Dich nun auf Dein Inneres fokussierst und Du bekommst so automatisch mehr davon. Alles, worauf wir unsere Energie lenken, wird mehr. Dieses Gesetz kann niemand aushebeln.

Dein Ziel ist die Selbstermächtigung. Deshalb ist es wichtig, täglich zu üben, in die innere Verbindung mit Dir selbst zu gehen. Am besten direkt nach dem Aufwachen, wenn Du noch in einem Zwischenzustand bist. Dann fällt es Dir leichter in der Wahrnehmung zu sein als unter Tage, wenn schon vieles von außen auf Dich eingeprasselt ist. Nutze nun diesen inneren Raum täglich als Deine neue Morgenroutine. Du wachst auf als Bewusstsein, statt Dich mit Deiner alten Identität zu identifizieren. Denn Du bist Bewusstsein in einem menschlichen Körper, Deine Aufmerksamkeit ist in Dir, hinter Deinen Augen. Du machst Dir beim Aufwachen einfach bewusst, dass Du nun die Verbindung zu Deiner Seele und dem großen göttlichen Feld um Dich herum aktivierst.

Dann achtest Du einfach auf Deinen Atem. Wenn Du magst, schicke nun alle Erwartungen weg (Sprich: „Ich schicke alle Erwartungen weg!“) und entspanne Dich mit jedem Atemzug mehr und mehr. Du lauschst beispielsweise nebenher Entspannungsmusik (es geht natürlich auch ohne Musik) und erste Impulse erreichen Dich ganz automatisch.

Du bleibst in der Wahrnehmung. Du bist Bewusstsein in einem menschlichen Körper. Es kann sein, dass Dein Verstand jetzt schon fragt: Wie soll das denn gehen, wieso, weshalb, warum... das beachtest Du einfach nicht weiter.

Entspanne. Atme. Beobachte Deinen Atem. Spüre und erweitere Deinen spirituellen Herzraum, Deine Brustmitte. Du bist der Beobachter. Ohne etwas damit zu tun, vermeide, etwas bewirken zu wollen, etwa Folgendes:

„Ja, jetzt atme ich bewusst ein und bewusst aus und noch einmal bewusst...“ Das solltest Du nicht tun. Es geht um Deine vollständige Entspannung, gib Dich hin. Versuch es, indem Du Dich und den Prozess beobachtest. Sobald Du in der Wahrnehmung bist, wird Dir alles zuteil. Von hier aus kann Dein Verstand Fragen an Deine Seele stellen.

Das ist in Wahrheit ganz leicht. Mit etwas Training erfährst Du innerhalb kürzester Zeit absolute Sicherheit.

Doch eins ist Fakt:

Du musst trainieren!

Wir leben im TUNiversum.

Hier sind erste Schritte, mögliche Fragen, auf Deinem Weg in ein erfülltes, genährtes Leben. Diese Fragen darf Dein Verstand nun stellen:

Starte mit einer Ja-oder-Nein Frage:

1. Ist der Name dieses Buches ....?   Ja/Nein

Damit kannst Du schon mal prüfen, wie sich Deine innere Stimme anhört und wie Du sie wahrnimmst, denn den Buchtitel oder Deinen Namen, was auch immer Du als Test verwendest, kennst Du.

2. Dient es mir, dieses Buch weiterzulesen?   Ja/Nein?

Nimm die erste Antwort, die da war und falls es zu schnell ging, stell die Frage mehrfach, die Antwort bleibt immer dieselbe. Schau oben in der Liste nach, wie Du Deine innere, allwissende Seelenstimme wahrnimmst, wenn Du Dir unsicher bist.

Führe den Fragenkatalog mit Ja/Nein-Fragen weiter.
Was möchtest Du von Deiner Seele wissen?
Danach geht's mit offenen Fragen weiter:

Was hat mir als Kind Freude bereitet?

....

....

....

....

Dient es mir, das jetzt zu tun?

Was macht mich jetzt lebendiger?

Wie will ich es haben?

Wenn ich wüsste, dass ich nur noch ein Jahr zu leben hätte, was würde ich jetzt tun?

Wenn ich wüsste, ich hätte nur noch ein Jahr zu leben, was würde ich dann noch tun?

Was ist der erste Schritt, den ich jetzt tun kann?

All diese Fragen darfst Du Dir wiederholt stellen, wenn Du magst, täglich. Am besten zum Start in Deinen Tag, in den Morgenstunden, bevor Du aufstehst.

Es geht darum, immer präziser in Deiner Wunschvorstellung zu werden und vor allem darum, Dir zu erlauben, Du selbst zu sein. Du lernst Dich nun endlich richtig kennen, was die Grundvoraussetzung dafür ist, alle Emotionen in Dir zu fühlen und Dich von dem zu lösen, was in Wahrheit nicht Dir selbst entspricht.

Dein Verstand wird bei den empfangenen Antworten sofort zweifeln und Dir sagen, warum etwas nicht geht. Doch Du weißt genau, dies waren die Antworten aus Deiner Seele. Es geht täglich darum, Dir selbst näher zu kommen mit einem kleinen, ersten Schritt. Das muss nichts Großartiges sein, es kann auch etwas sein, das Du ab sofort nicht mehr tust. Deine Seele kennt den Weg und ist auf Wachstum ausgerichtet. Du darfst Dir auch erlauben zu scheitern, Du musst nicht perfekt sein. Der Weg ist das Ziel. Einfach, weil Du Dich jeden Tag mit Deiner Seele befasst, wirst Du mehr und mehr erkennen, dass Du bereits heil bist. Und das ist alles, was zählt.

Deshalb frage Dich täglich: Was könnte ich heute tun, um mir selbst näher zu kommen? Was nährt mich heute? Denn wenn Du Dich wirklich genährt fühlst, existiert schon bald kein Lebenshunger mehr in Dir. Säe Deinen ersten Samen. Täglich. Versuche die Reise zu genießen und lass Dich unterstützen. Mach Dir bewusst, was Du Dir wünschst in Bezug auf die Beziehung mit Dir selbst, Deinen Körper, Deinen Beruf, in Deinen Beziehungen oder für Deine Gesundheit.

Trau Dich, Deiner Seele täglich Fragen zu stellen. Dieselben von oben oder neue von Dir gewählte. Ich biete monatliche Übungen und Vertiefungen, per Zoom in der Gruppe und auch individuell, für die Praxis mit Deiner Seelenstimme an. Wenn Du Hilfe brauchst, melde Dich gerne persönlich bei mir.

Hier geht's zu meiner Webseite:

Versuche nun im nächsten Schritt wahrzunehmen, was mit Dir innerlich passiert, wenn Du Deinem Verstand statt Deiner Seelenstimme folgst. Schließe Deine Augen und visualisiere Deine Wunscherfüllung.

Wo bist Du heute in einem Jahr, wenn Du diese neue Routine weiterhin integrierst? Was verändert sich dadurch? Wie fühlst Du Dich? Was in Deinem Körper ist anders?

Vielleicht stellst Du fest, dass sich in Deinem Körper Erleichterung und Sicherheit, Verbundenheit oder Frieden eingestellt hat. Dieses Gefühl in Dir ist das, was Dich erwartet, wenn Du Deinen Seelenweg kontinuierlich gehst.

Der Körper spricht mit uns über Gefühle. Er hat die Möglichkeit, uns über unsere Gefühle darauf hinzuweisen, was unsere Energie erhöht und was nicht.

Frag Dich gern im weiteren Verlauf Deiner inneren Arbeit, ob diese Entscheidung Deine Energie langfristig erhöht oder nicht. Egal, um welche Entscheidung im Leben es geht, diese Frage ist Gold wert. Denn sie zeigt Dir, wie Deine erfüllte Version handeln würde.

Oft entscheiden wir uns etwas nicht zu tun, weil es sich im jetzigen Moment nicht gut anfühlt. Ganz ehrlich, das muss es auch nicht. Denn Deine jetzige Realität ist das Ergebnis Deiner vergangenen Erfahrungen. Wenn Du bleiben willst, wo Du bist, achtest Du auf dieses Gefühl und folgst ihm.

Falls Du Dich gemäß Deinem Seelenplan weiterentwickeln willst, lässt Du dieses Gefühl da sein, Du nimmst es an und folgst Deiner inneren, allwissenden Stimme.

Erinnere Dich an die theoretische Vergleichsliste von Verstand und Seelenstimme: Deine Seelenstimme hat kein Gefühl. Sie ist neutral. Sie hat auch nichts mit Deinem Bauchgefühl zu tun. Viele Menschen sagen, höre einfach auf Dein Bauchgefühl. So ganz stimmig ist das meist nicht. Ja, dieses Bauchgefühl kann richtig sein und uns den Weg weisen, allerdings steht es in erster Linie mit unseren vergangenen Erfahrungen in Verbindung. Dieses Gefühl weist uns darauf hin, dass die vergangenen Erfahrungen gezeigt haben, dass wir etwas tun oder nicht tun sollen. Doch sei Dir bewusst: Angenommen Deine innere, weise Seelenstimme sagt Dir, Du sollst live auf einer Bühne sprechen, Dir dreht sich aber förmlich der Magen um bei diesem Gedanken, würdest Du diesen Schritt dann trotzdem wagen oder nicht?

Was, wenn Deine Seele Dir den Weg zeigt, auch wenn sich manches erst einmal unbequem anfühlt?

Was, wenn alles, was Du nicht kennst, auch ungute Gefühle in Dir auslösen darf?

Deine Seele ist auf Wachstum ausgerichtet, auf Deine vollständige Wahrheit. Darauf, dass Du Dich erfährst in Deiner tiefsten Essenz. So erlebst Du wahre Erfüllung.

Spürst Du noch einen Widerstand Deiner Seelenstimme zu folgen oder macht es Dir sogar ein bisschen Angst Deiner inneren, allwissenden Stimme zu folgen?

Fühle diesen Widerstand in Deinem Körper und nutze die Emotionslösetechnik, um ihn aufzulösen.

Höre Dir nun die Audio „Emotionslösetechnik" an und nutze den nebenstehenden QR-Code

Das sind Deine nächsten seelengeführten Schritte:

1. Öffne Dich jeden Morgen für Deine Seelenstimme und Deinen Seelenplan. Wache als Bewusstsein auf und stelle Dir in diesem neuen Zustand ab sofort täglich die Frage, was jetzt Dein nächster Schritt ist, um heute Deinem Herzen zu folgen.

Höre Dir nun die Audio „Morgenroutine Bewusstsein" an und nutze den QR-Code

2. Der zweite essenzielle, seelengeführte Schritt hängt mit Deinem Körper zusammen, mit dem Du ja offensichtlich noch nicht im Frieden bist. Fang an, Deine Gefühle im Körper wahrzunehmen und wirklich zu fühlen. Frag Dich täglich immer wieder, welches Gefühl gerade aktiv ist in Dir und fühle es, bis Du in einen neutralen und bewussten Zustand kommst. Von hier aus ist alles möglich.

Was glaubst Du passiert, wenn Du die Emotionslösetechnik in Situationen, die Dein Essverhalten betreffen, anwenden wirst?

....

....

....

....

Zusatz: Falls Du Dich schon bereit fühlst, direkt einen

dritten Schritt zu implementieren, schlafe ab sofort friedlich ein. Lass Deinen Tag abends Revue passieren, lass ihn und alles los, was Dich von Dir selbst und Deiner Wahrheit getrennt hat. Stelle den Frieden in Dir her. Gleite in diesem friedvollen Gefühl in den Schlaf über.

Hör auf zu warten. Du kennst nun die Theorie.

Setze all das Schritt für Schritt um. Dieses Buch ist ein Buch zur Selbsthilfe. Nutze dieses Geschenk.

Fang an alles Ungeliebte in Dir zu verändern, indem Du Dir erlaubst genau hinzuschauen und Verantwortung zu übernehmen. Dafür ist es wichtig, dass Dich Deine Gefühle nicht mehr überrollen. Sobald Du Deine Gefühle regulieren und Deine Frequenz dadurch erhöhen kannst, verschwindet Deine Essstörung aus Deinem Leben. Das ist ein ganz natürlicher Prozess und beruht auf den hermetischen Naturgesetzen.

Transformiere die Gefühle, die Du nicht fühlen willst –

Das ist Dein Schlüssel für ein freies Leben.

Es ist unglaublich wichtig zu verstehen, dass die meisten Menschen – vermutlich auch Du – ihre Gefühle zerdenken, statt sie wahrhaftig zu fühlen. Denn wir wissen gar nicht, wie es funktioniert all die Gefühle in uns zu fühlen, die wir seit Jahren einfach weggedrückt haben. Sie überrollen uns dann eher, das ist unter anderem ein Grund für emotionales Essverhalten, augenscheinlich für Süchte jeglicher Art.
Deine wichtigste Aufgabe auf Deinem neuen Weg ist es, endlich Deine Gefühle zu fühlen und somit zu erlösen, statt sie wegzudrücken. Eine Zeit lang funktioniert es tatsächlich, unsere Gefühle zu verdrängen. Doch irgendwann äußern sich diese verdrängten Emotionen in Krankheiten oder Schicksalsschlägen. Willkommen im Leben! An diesem Punkt stehst Du gerade. Deshalb liest Du diese Zeilen. Um endlich wahrhaftig hinzuschauen.

Oh ja, das ist wahrlich nichts für Weicheier.

Die erste wichtige Erkenntnis ist, dass wir alles, was wir spüren als etwas sehr Persönliches empfinden. Auch das, was wir von außerhalb spüren, wirkt sich auf unsere Emotionen aus. Es ereignet sich auch in unserer inneren Welt und deshalb sind Emotionen so persönlich. Das Problem ist nur, dass wir durch die Gesellschaft gelernt haben, diese Emotionen zu kontrollieren, denn so funktionieren wir so schnell wieder. Das ist für die Gesellschaft und das gesamte System natürlich sehr praktisch. Wie viele Menschen funktionieren, statt sich selbst zu erleben? Das mag für eine Zeitlang gut gehen, doch irgendwann kommen all die verdrängten Gefühle wieder zurück.

Dann passiert es, dass diese Gefühle sich verstärken. Jedes Mal, wenn wir sie wegdrücken. Der Weg der Verdrängung funktioniert langfristig nicht. Nicht umsonst wissen wir heutzutage, dass Krankheiten eng mit gespeicherten Emotionen zusammenhängen. Wenn die Verdrängung zu lange anhält, äußern sich diese gespeicherten Emotionen beispielsweise in Gefühlsausbrüchen. Oder sie zeigen sich durch Vermeidungsverhalten, Traurigkeit, Sinnlosigkeit oder extreme Wut. Wir kotzen diese Gefühle aus, anstatt sie zu fühlen (Bulimie). Wir stopfen uns mit Essen voll, um uns genährt und geliebt zu fühlen (Binge-Eating). Wir bestrafen uns selbst, indem gar nichts mehr aufnehmen (Magersucht). Oder wir bestrafen uns in irgendeiner anderen Form selbst durch ein anderes extremes Verhalten.

Es bringt nichts, diese Gefühle loswerden zu wollen. Das ist uns nun bewusst.

Wir starten deshalb mit der Akzeptanz des Ist-Zustands. Zuerst müssen wir erkennen und dann annehmen, was wir fühlen. Das Erste und Wichtigste ist, einfach zu akzeptieren, dass dieses Gefühl da ist. Es geht nicht darum, dieses Gefühl zu lieben. Ja, dieses Gefühl ist da.

Um mehr geht's nicht. Es geht nur um die Erfahrung Deiner Schwere im Hier und Jetzt, um diese Traurigkeit, diese Wut, was auch immer. Okay, ihr seid da, ihr seid Gefühle, mehr nicht.

Das ist der Moment, in dem Du das erste Mal in Deinem Leben erkennen kannst, was dieses Gefühl in Dir für einen Ursprung hat, das Dich in die Essstörung treibt. Der Schlüssel ist, jetzt herauszufinden, was Du fühlst. Es geht jetzt darum, zu fühlen.

Trainiere Dich:
Was fühlst Du jetzt gerade im Moment?

Wo in Deinem Körper sitzt dieses Gefühl?

Dient Dir dieses Gefühl?

Stammt dieses Gefühl ursprünglich von Dir oder hast Du es übernommen?

....

....

....

....

Falls das Gefühl von Dir ist: Verändere dieses Gefühl mit der Emotionslösetechnik. Wende diese Technik immer wieder an. Täglich. Wenn Du diese Energie von jemand anderem übernommen hast, schicke sie einfach zurück. Die Intention „zurück zum Absender" reicht völlig aus.

Hier ein kleiner Überblick, was alles Gefühle sein können, mit denen Du Dich täglich Durch Deinen Alltag bewegst.

Das sind Beispiele für Gefühle:

Hoffnungslos, deprimiert, überrascht, zweifelnd, unglücklich, nachdenklich, neidisch, hilflos, gleichgültig, alarmiert, belastet, sauer, verzweifelt, pessimistisch, schuldig, unruhig, uneins mit Dir, empört, ohnmächtig, sauer, nachdenklich, eifersüchtig, ausgelaugt, distanziert, apathisch, allein, gehemmt, kalt, lethargisch.

Oder auch:

Begeistert, dankbar, voller Energie, erleichtert, selig, wach, zufrieden, glücklich, mit Dir eins, klar, tapfer, verwundert, neugierig, optimistisch, ruhig, heiter, friedlich, gerührt, fasziniert, lustig, liebevoll, munter, zuversichtlich, verblüfft, still, ausgelassen, aufmerksam.

Es gibt noch viele mehr.

Du bemerkst wahrscheinlich gerade, dass es viel mehr Gefühle gibt, als wir annehmen. Wir fühlen in jeder Sekunde des Tages, deshalb ist es so wichtig, sie zu erkennen und zu regulieren, um uns schließlich nicht mehr mit ihnen zu identifizieren.

In dem Moment, in dem wir erkennen, was wir fühlen, sind wir schon kurz vor der Annahme und auf dem besten Weg, uns von unserer alten Geschichte zu befreien.

Der Weg zur Seele ist authentisch und echt. Wenn Du Dir nicht erlaubst zu fühlen, was da ist, kannst Du Deine innere Stimme und göttliche Führung nicht wahrnehmen.

Wie wäre es, eine völlig neue Perspektive auf Deine Gefühle einzunehmen? Wie wäre es mit Neugierde auf Deine Gefühle zu blicken? Sei dankbar für diesen Wegweiser. Ohne Deine gespeicherten Emotionen könntest Du Dich nicht im Kern erkennen.

Stell Dir vor, Du wirst ab sofort nicht mehr wie durch eine Lawine von Deinen Gefühlen überrollt. Stattdessen erkennst Du rechtzeitig, wann Du sie fühlen solltest. Nämlich dann, wenn sie auftauchen. Die Lawine kommt erst, weil Du davor in der Nicht-Erlaubnis warst, das zu fühlen, was da war. Du hast irgendeinen Deckel darübergestülpt. Damit ist jetzt Schluss.

Bist Du bereit zu fühlen, was Du fühlst?

Ein wichtiger Schritt in die Selbstermächtigung, ist das Grenzensetzen und Differenzieren. Nicht alles, was Du fühlst, entsteht zwangsläufig aus Dir selbst heraus. Es kann auch sein, dass Du unbewusst Emotionen Deiner

Umgebung aufnimmst. Sobald wir diese Energien in uns aufnehmen, werden sie persönlich. Wir dürfen lernen, damit umzugehen, dass wir nicht alles aufnehmen müssen, um uns dazugehörig zu fühlen.

Entscheide Dich ab sofort mitzufühlen, statt mitzuleiden. Das ist ein bedeutender Unterschied. Du kannst bei Dir bleiben und trotzdem wahrnehmen, was um Dich herum geschieht.
Was ist mein Gefühl und was ist das Gefühl der anderen, das ich übernommen habe?

Die wichtigste Frage:
Ist es meins oder seins/ihrs?

....

....

....

....

Die erste Antwort zählt, das kommt aus Deiner Seele.
Nutze folgende Fragen für die weitere Transformation:
Schließe kurz Deine Augen, fokussiere Dich auf Dein Inneres. Zentriere Dich in Deinem Herzraum. Atme tief ein und aus, mach Dich bereit für den Empfang Deiner allwissenden, inneren Stimme.

Was ist das Gefühl, mit dem ich regelmäßig kämpfe? Immer und immer wieder?

....

....

Gibt es etwas in meinem Leben, das dieses Gefühl in
mir generiert?

Warum spüre ich das?

Inwiefern steht es in Verbindung mit dem, was ich
gerade erlebe?

Du wirst diese gespeicherten Emotionen tatsächlich
mit Deinem neuen Bewusstsein darüber nicht nur ab-
schwächen, sondern sogar gehen lassen können. Das
Wunderbare ist, dass alles transformiert, sobald Du
bei Bewusstsein bist. Denn ein Bewusstsein hat keinen
Schmerz.

So ist mehr Platz für das, was Dich wirklich nährt.

Dieser Entwicklungsschritt ist so wichtig, um Deinen Lebenshunger zu stillen. Den Lebenshunger nach Dir, da Du Dich in Wahrheit bis dato nie vollständig gefühlt hast. Und bisher höchstwahrscheinlich auch nicht bewusst unterschieden hast, was Du von Außen aufgeschnappt hast. Natürlich kannst Du nur fühlen, was auf irgendeiner Ebene auch in Dir aktiv ist und womit Du in Resonanz gehst. Doch diese Thematik zu auszuweiten, würde den Rahmen sprengen. Es geht hier einzig und allein um Deine bewusste und schnellstmögliche Transformation. Bemerkst Du mittlerweile, dass Du Teile von Dir abgespalten hast und Dich nie in Deiner Vollkommenheit erkannt hast?

Nun ist es an der Zeit, Deine Seelenstimme zu hören und Deine Gefühle anzunehmen, um herauszufinden, wer Du in Wahrheit bist. Oh yeah!

Das, was Dich wirklich nährt

Finde heraus, wer Du in Wahrheit bist, um Dich mit Dir und Deiner wahren Essenz zu verbinden. Es ist völlig egal, ob Dich Essstörungen oder andere Süchte plagen. Es geht im Kern immer darum, wer Du in Wahrheit bist. Denn, wenn Du das erkennst und vor allem auch mehr und mehr Deiner Wahrheit gemäß lebst, wirst Du endlich ankommen, in dir. Du spürst tiefe Verbundenheit zu Dir selbst. So ist das erste Mal in Deinem Leben Dein Lebenshunger gestillt. Wie klingt das für Dich? Zu schön, um wahr zu sein?

Ist es tatsächlich nicht, kann ich Dir aus Erfahrung sagen. Es ist sehr schön, wahr zu sein. Es ist einfach wundervoll, authentisch zu sein.

Du lernst nach und nach Dich selbst zu nähren, indem Du Deine Seelenstimme hörst und ihr mutig folgst. Dadurch gehst Du Deinen Seelenweg, Dein Hunger wird endlich gestillt. Und nicht nur das. Auf dem Weg zu Deiner tiefsten, wahren Essenz begegnen Dir alle Blockaden und Traumata, die Du auflösen und heilen wirst.

Es geht im Kern um das Verlangen, Gefühle nicht zu fühlen und Teile in Dir nicht zu leben.

Die Sucht, egal welche, ist bereits eine Sucht, auch wenn sie nur alle fünf Tage stattfindet. Diese Erkenntnis bringt Dich erstmal nicht weiter und dennoch ist die ehrliche Bestandsaufnahme der vorhandenen Sucht wichtig. Kannst Du Dir vorstellen, wie Dein Leben ohne dieses Verlangen der Essstörung oder Sucht ist? Ohne diesen Kompensationsmechanismus?

Schließe Deine Augen. Atme tief ein und aus. Stell Dir
diese Frage:
Was kompensiere ich?

....

....

....

....

Das, was wirklich im Körper abläuft, ist ein Konflikt-
thema, das nur scheinbar geheilt wird, und zwar genau
in dem Moment der Suchtausübung. Die Sucht erreicht
ihr Ziel. Das Thema, das darunter liegt, wird gedeckelt,
ist nicht mehr sichtbar und offensichtlich nicht mehr da.

Du kannst das durch Deine Gefühlsarbeit effektiv
verändern, um Dich nach und nach daraus zu lösen.

Was denkst Du, was löst die Abhängigkeit (Essstörung,
Sucht) immer wieder aus?

Alles in Deinem Körper möchte das wieder erleben,
anstelle sich mit den gespeicherten Emotionen zu beschäftigen. Je länger Du diese Unruhe aushältst, desto
stärker wird Dein Verlangen die Sucht auszuüben.

Tieferliegend gibt es ein einschneidendes Gefühl in
Dir, beispielsweise Trauer, Wut oder Angst. Etwas, das in
einer Situation in Deinem Leben etwas in Dir ausgelöst
hat, was Du in diesem Moment nicht fühlen konntest
oder wolltest. Das kann etwas Traumatisches gewesen
sein oder auch eine Situation, die Dir aus heutiger Sicht
eher unbedeutend erscheint. Es spielt keine große Rolle,

es geht darum, wie stark Du das damals bewertet hast. Für Deine Heilung ist es wichtig, dass Du es fühlst. Auch und gerade, weil es weh tut. Lass Dich dabei unterstützen, Du musst nicht alles allein schaffen. Die Arbeit mit Deinen Emotionen wird Dich langfristig von der Sucht befreien. Dieser Weg ist unglaublich tiefgreifend, anders als herkömmliche Gesprächstherapien, die Dich immer wieder mit Deiner Vergangenheit in Verbindung bringen, doch nicht das tief in Dir erlösen, das gespeichert ist.

Daher wähle die Art der Unterstützung weise. Selbstverständlich haben auch Gesprächstherapien ihre Berechtigung, da viele Menschen sich so erstmals überhaupt öffnen. Was ich Dir damit sagen möchte, ist, dass Du dieses Buch aus einem Grund in Deinen Händen hältst. Mach was daraus, es ist alles da. Nutze diese wertvollen Tools für Dich.

Seit Jahren erzielen meine Soulis unglaubliche Ergebnisse in ihrer Entwicklung durch die Emotionslösetechnik und dadurch, dass sie ihrer Seelenstimme folgen.

Die Emotionslösetechnik ist so kraftvoll, weil wir den ganzen Tag fühlen und somit erstmals auf einer tieferen Ebene verstehen, dass wir zwar Gefühle haben, sie allerdings nicht immer wahr sind.

Diese Gefühle sind oft überwältigend. Jetzt nutzt Du plötzlich die Technik, Du kommst über Deinen Atem mehr bei Dir an, Du veränderst Deine Perspektive und erkennst Dich als Bewusstsein in einem menschlichen Körper. Du beobachtest das Gefühl und spürst, wie sich Erleichterung in Deinem Körper einstellt. Du fühlst, Du nimmst das Gefühl als Teil von Dir an und lässt es los. Es ist durch diesen Prozess kein Teil mehr von Dir. Frieden und Erleichterung stellen sich ein, Du lenkst Deine Energie von außen nach innen. So wirst Du nach und nach stabiler in Dir selbst. Denn Dein Fokus verändert Deine Realität. Jedes Mal, wenn Du diese Technik anwendest, kreierst Du Deine neue, seelengeführte Zukunft.

Du hast nun die Wahl, Deine Gefühle rechtzeitig zu beobachten. Vielleicht stellst Du Dir alle zwei, drei Stunden Deinen Handywecker als Erinnerung. So dass es weniger oder gar nicht mehr zur Ausübung Deiner Sucht kommt. Denn klar, die Erleichterung fühlt sich nach einem Brechanfall natürlich vergleichbar gut an. Alles, was Du ausgekotzt hast, kommt nicht wieder zurück. Wenn wir uns nun beispielsweise, zusätzlich zur Gesprächstherapie, täglich mit diesen Fragen in diesem Buch beschäftigen und meditieren, stärken wir uns von innen heraus und müssen diese Leere nicht mehr mit unserer Sucht füllen.

Dein Glück, Deine Zufriedenheit und Verbindung zu Dir geht nur von innen nach außen. Wir erleben das, was wir über unsere Frequenz senden. Daher ist es so wichtig, alles zu fühlen, was in uns aktiv ist, um unsere Frequenz so zu verändern, dass wir ein friedvolles Leben führen können.

An dieser Stelle möchte ich Dir sagen, dass jeder kleine Schritt zählt. Sei bei einem Rückfall nicht zu streng zu Dir, sondern fühle dann in diesem Moment der Selbstverurteilung dieses Gefühl und erlöse es. Du kannst jederzeit dort weitermachen, wo Du aufgehört hast. Es geht darum, das Bewusstsein in die Esssucht zu bringen.

Du begibst Dich immer öfter in eine Beobachterrolle.

Soulisches Training am Beispiel von Bulimie:

Schon bevor der eigentliche Brechanfall losgeht, beobachtest Du was Du fühlst, während Du das Essen in Dich hineinstopfst. Du beobachtest jeden Schritt ganz liebevoll.

Falls Du das Ganze noch einen Schritt früher beobachten kannst:

Frag Dich, in dem Moment, wenn Du weißt, Du wirst gleich Essen in Dich hineinstopfen, welches Gefühl ist gerade aktiv in mir?

....

....

....

....

Was will ich nicht fühlen?

....

....

....

....

All das geht auch im Nachhinein. Jedes Mal fühlen ist Gold wert, erst einmal egal, ob davor, währenddessen oder danach.

Hier geschieht nämlich das Wunder, Durch Dein Bewusstsein hörst Du damit auf. Irgendwann kommt der Zeitpunkt, da kannst Du das nicht mehr mit Dir vereinbaren. Umso bewusster Du Dir Deiner selbst wirst, desto mehr schwingst Du in Neutralität und Liebe. Dein Bewusstsein heilt alles. Es entspricht nicht Deinem vollkommenen Sein, Dich von Deinen Gefühlen und Deinem Körper abzutrennen. Sobald Du Dich auf Deinen bewussten Seelenweg begibst, wirst Du Dich selbst Schritt für Schritt mehr annehmen.

Alles, was Du brauchst, ist ein erster Schritt. Schon am Anfang Deiner Heilungsreise geschehen erste Wunder, Du spürst in kleinen Nuancen, wie es ist zufrieden und gestillt zu sein. Interessanterweise wird uns alles Mögliche in der Schule beigebracht, allerdings nicht wie wir den bewussten Weg vom Opfer zum Schöpfer und vom Verstand in unser Herz finden. Und schließlich Kopf und Herz so miteinander verbinden, dass diese zwei Ebenen zusammenarbeiten und ineinander übergehen.

Deshalb ist es meine Vision neue Einrichtungen zu erschaffen, die mit Soulleading all das lehren, was wirklich wichtig ist für das Leben. So dass alle Kinder, Jugendliche und Erwachsene ihr volles Potenzial leben können und sich sicher und geführt auf ihrem Seelenweg entfalten.

Was ist meine Vision?

....

....

....

....

Was würde ich tun, wenn alles erlaubt wäre?

Was würde ich gerne auf dieser Welt verändern?

Erfolgreiche Menschen, Philosophen, Dichter, Erfinder, die ihr Potenzial voll ausschöpfen, vertrauen auf ihre innere allwissende Stimme. Selbst wenn sie sie nicht bewusst wahrgenommen haben, so hatten sie zumindest intuitive Eingebungen, denen sie gefolgt sind.

Wenn wir loslassen, was uns von unserem Seelenweg trennt, können wir unsere Wahrheit endlich leben. Wir sind auf Empfang und treffen die richtigen Entscheidungen.

Höre Dir nun die Audio „Göttliche Entscheidungen treffen" an und nutze den nebenstehenden QR-Code

Um ein erfülltes Leben zu führen, ist es neben all den Reflexionsfragen und Deiner inneren Arbeit extrem wichtig, dass Du einige Dinge und Beschäftigungen in Deinen Alltag integrierst, die Dich wahrhaft zufriedenstellen, nähren und im wahrsten Sinne des Wortes satt machen.

Wenn Du magst, empfange die Antworten in Deinem Herzraum und lausche Deiner inneren, allwissenden Stimme.

Was genau macht mir unglaublich viel Freude?

Was versetzt mich in eine gute Stimmung?

Wobei vergesse ich die Zeit?

Was versetzt mich vielleicht sogar in einen Flow-Zustand oder gar in Ekstase?

Und bei all diesen Fragen ist es immens wichtig, dass Du diese Dinge nicht zu groß machst. Vielleicht fragt sich ein Teil in Dir, ja was macht mir wirklich Spaß, gibt es da überhaupt etwas? Da Du Dich vielleicht schon viel zu lange mit der dunklen oder eintönigen Seite Deines Lebens beschäftigt hast. Vielleicht weißt Du im Moment gar nicht, was Dir wirklich Freude macht und Dich nährt. Lass den Druck los, etwas Besonderes empfangen zu müssen. Versuche es zu einem späteren Zeitpunkt noch einmal. Jetzt geht es erstmal darum, Dich dafür zu öffnen.

Die genaue Antwort spielt im ersten Moment keine Rolle. Du kannst jetzt und hier eine Entscheidung treffen.

Sprich Dein neues Commitment leise in Dich hinein oder sprich es laut und deutlich aus:

„Ich nehme mir Zeit für die kleinen Freuden des Alltags und ich lenke ab sofort meinen Fokus darauf. Auch wenn ich noch nicht weiß, was mir Freude bereitet, bin ich ab sofort auf dem Weg, genau das herauszufinden und nach und nach in mein Leben einzuladen.“

Dein Fokus verändert alles und diese kleine Öffnung, Deine getroffene Entscheidung, etwas zu finden, das Dir Freude bereitet, wird Dir Situationen oder Fähigkeiten ins Leben rufen, die Du längst vergessen oder verdrängt hast. Beobachte einfach, welche Impulse und Ideen, die nächsten Stunden und Tage zu Dir finden und folge ihnen. Diese werden Dich nach und nach immer mehr in Deine Mitte bringen.

Das können ganz kleine Dinge sein, beispielsweise hast Du als Kind gerne gezeichnet und auch wenn Du jetzt keine Resonanz spürst, kannst Du mithilfe Deiner Seelenstimme herausfinden, ob diese Tätigkeit Deine Energie langfristig erhöht.

Befrage Deine Seele mit einer Ja-oder-Nein-Frage zu etwas, das Du lange nicht getan hast.
Erhöht es langfristig meine Energie, wenn ich …?

....

....

....

....

Erinnere Dich an etwas, woran Du Freude hattest. Vielleicht ist es einfach draußen sein. Also frag Deine Seelenstimme:
Erhöht es langfristig meine Energie, wenn ich jeden Tag spazieren gehe?

....

....

....

....

Finde weitere Fragen und vertraue darauf, dass Du Dir die richtigen Fragen stellst. Deine Seele existiert außerhalb von Zeit und Raum und weiß bereits jetzt, was Du gleich fragen wirst. Notiere Dir Deine weiteren Fragen und Antworten hier:

....

....

....

....

Lausche den Antworten und folge ihnen.

Stell Dir vor, wie viel Freude Du wohl heute in einem Jahr dabei empfindest, Deiner Seele zu lauschen und zu folgen. Die Freude an der Kommunikation wird sich immer weiter ausdehnen. Denn das, was Dich in Wahrheit nährt, ist genau diese innere Verbundenheit in Dir, die sich jedes Mal erweitert, wenn Du es kultivierst, Deine innere Stimme zu empfangen. Deine innere Stimme ist keine besondere Gabe, Du hattest sie immer schon. Du darfst sie einfach wieder an die Oberfläche holen. Es geht darum langfristig zu unterscheiden, was Dein Verstand Dir rät und was im Gegensatz dazu Deine innere, allwissende Stimme ist. Deine Seelenstimme schenkt Dir ein Leben, das zu Dir passt und Dich nährt. Deine innere Stimme ist leicht zu überhören, doch sie geht nie verloren.

Du weißt jetzt, wie Du sie hervorholen kannst.

Nimmst Du Deine Seelenstimme schon ernst?

Wie ernst nimmst Du Dich, Deine innere Wahrheit und Dein Leben in vollkommener innerer Verbundenheit?

Skala von 1-10:

0= gar nicht - 10= ich folge jedem Seelenimpuls

Kreise ein:

0,1,2,3,4,5,6,7,8,9,10

Was kann ich tun, um meinen Seelenimpulsen noch mehr zu folgen?

....

....

....

....

Es sind die kleinen Schritte, die Dich näher zu Dir selbst bringen. Und wenn Du heute in einem Jahr zurückblickst, kannst Du kaum glauben, dass Du Dir so nah bist, Dich so genährt und zufrieden fühlst.

So und nun, ab ins Training, um Dich von dem zu befreien, was Dich im Drama gefangen hält.

Hiermit kommst Du dem Himmel in Dir ein Stückchen näher.

Höre Dir nun die Audio „Dein Himmel auf Erden. Potenzialentfaltung. Durch Mut und Erlaubnis die Freude in mein Leben einladen." an und nutze den nebenstehenden QR-Code

Nutze diese Meditation jeden Morgen für die nächsten Tage, sie wird etwas längst Vergessenes in Dir öffnen und Dich auf den Weg zurück in Deine Lebensfreude begleiten.

So findest Du das Ziel Deines Herzens, das, wofür sich Dein Herz längst entschieden hat.

Für Essgestörte, Süchtige und alle Menschen, die ein erfülltes Leben führen wollen, ist es unglaublich wichtig, ein klares Warum, ein Kern-Ziel zu haben.

Die Identifikation mit Deinem Lebensziel ist nun der nächste Schritt, das wir gemeinsam an die Oberfläche bringen. Denn ohne Lebensziel ist es fast unmöglich, Deinen Lebenshunger dauerhaft zu stillen.

Du brauchst absolute Klarheit über Dein Ziel. Wenn wir keine Ziele haben oder unbewusst den Zielen der anderen folgen, die gar nicht uns entsprechen, leben wir kein erfülltes Leben.

Soulisches Training:
Nutze auch hier Deine innere Stimme und schließe Deine Augen, öffne sie kurz, um die Antwort zu notieren:

Was würde ich tun, wenn ich keine Angst hätte?

....

....

....

....

Was würde ich tun, wenn ich wüsste, dass alle mir nahestehenden Menschen damit einverstanden sind?

....

....

Welche Tätigkeiten entsprechen mir am meisten?

Was brauche ich jetzt, damit ich mich zufrieden fühle?

Was würde ich tun, wenn ich die Zeit dafür hätte?

Was würde ich tun, wenn ich mich trauen würde und das Endergebnis egal wäre?

Wie kann ich der Welt ein Beitrag sein, durch welche

Gabe von mir wird mein Umfeld oder die Welt durch meine Existenz profitieren?

Was sind meine einzigartigen Talente und Stärken?

Welche Lebenserfahrung hat mich verändert?

Was kann ich anderen Menschen dadurch mitgeben?

Wer bin ich, wenn ich mein Bestes gebe?

Mit welchen Themen könnte ich mich stundenlang beschäftigen und sogar im Schlaf darüber sprechen?

....

....

....

....

An welcher Art von Seminar oder Weiterbildung würde ich gerne teilnehmen?

....

....

....

....

Was würde mir meine Zukunftsversion jetzt raten?

....

....

....

....

Wunderbar. Nun nimm alle Antworten und schreibe einen Brief an Dich selbst. Über Dich und Deine Gaben, Geschenke und Talente aus der Sicht Deines zukünftigen Ichs.

Wenn Du diesen Brief liest, wirst Du feststellen, wieviel Potenzial in Dir schlummert und in welche Richtung Dein Leben ab sofort gehen wird, damit Du Deinem Herzensziel folgst.

Es ist wichtig, herauszufinden, was Dein „Warum" ist, um den Zweck Deiner Existenz zu klären. So entwickelst Du ein völlig neues Selbstbildnis.

Dieser Prozess darf sich über Wochen oder sogar Monate hinweg erstrecken. Also lege jetzt Deine Nahziele, Deine Fernziele und auch Dein übergeordnetes Warum, Deine Big Vision fest.

Es ist wichtig, dass Du eine Vision entwickelst, so findest Du täglich den inneren Antrieb, ein neues Leben zu führen. So findest Du eine sinnvolle und achtsame Ausrichtung in Deinem Leben.

Vielleicht gibt es auch Menschen, die Dich inspirieren. Welche sind das? Und warum inspirieren sie Dich?

....

....

....

....

Das sind meine Nahziele:

....

....

....

....

Das ist mein Ziel in weiter Ferne:

....

....

....

....

So oder so ähnlich lautet mein Warum, das mich ab
sofort antreibt:

So integrierst Du Deine Körperwahrnehmung in Deinen Heilungsprozess

Dein Körper hat ebenfalls eine starke Verbindung zu Deinem wahren Selbst. Denn Du wohnst in Deinem Körper und Dein Körper sendet Dir Signale in Form von Schmerzen, Krankheiten oder Wohlergehen. Versuch ab sofort mehr in Verbindung zu Deinem Körper zu kommen. Frage Dich zuerst in verschiedenen Situationen im Alltag:

Wie fühlt es sich gerade an, in meinem Körper zu sein?

....

....

....

....

Was braucht mein Körper jetzt?

....

....

....

....

Wunderbar, wenn Du den empfangenen Schritt schon umsetzen kannst, wenn nicht, völlig okay. Du musst gar nicht viel damit tun, es geht in erster Linie einfach um Deine Körperwahrnehmung. Natürlich sind regelmäßige Bewegung, Ruhezeiten und eine ausgewogene Ernährung wunderbar für Deinen Körper. Doch darum soll es hier nicht gehen. Es geht vorerst darum, einen liebevolleren Kontakt mit Deinem Körper herzustellen, indem Du ihn bewusst wahrnimmst. Achte ab sofort etwas mehr auf die Bedürfnisse Deines Körpers. Da dieses Thema sensibel ist, ist es wichtig, dass Du Dir hier nicht zu viel vornimmst.

Eine kleine tägliche Kontaktaufnahme ist ein wunderbarer Schritt.

So arbeitest Du nun auf allen drei Ebenen:
Körper, Geist und Seele.
Toll!
Du weißt nun, dass in Deinem Verstand vor allem Bewertungen, Zweifel, alte Geschichten und die Verbindung zu anderen Menschen und deren Meinung aktiv ist. Achte ab sofort verstärkt darauf, was Du in Deinem Körper spürst und natürlich weiterhin darauf, was Dir Deine Seelenstimme kommuniziert.

Wenn wir geübt sind, nehmen wir die Information in unserem Herzen immer klarer wahr. Wichtig ist, dass wir üben, so dass die Antworten nicht mehr verzerrt sind.

Wenn Du nun immer mehr in Kontakt mit Deinem Körper kommst, ist es wichtig zu betonen, dass es nicht darum geht Deinem Bauchgefühl zu folgen, denn dies ist mit unseren vergangenen Erfahrungen verknüpft. Erinnere Dich, dass Deine Seelenstimme völlig neutral, ohne Gefühl antwortet.

Das Bauchgefühl kommt aus den unteren Chakren und wir spüren es über das Solarplexus-Chakra. Das spüren wir besonders in Bezug auf unerlöste Beziehungsthemen. Dieses Gefühl ist nicht falsch. Allerdings ist die Quelle nicht die richtige für uns, da wir hier nur wahrnehmen, was wir aus der Vergangenheit kennen. Kleiner Spoiler am Rande:

Verwechsle Dein Bauchgefühl nicht mit Deinen Hellsinnen.

Du kannst Deine Seelenstimme dazu befragen. Wir nehmen das Beispiel Vertrauen:

Ist es wahr, dass ich diesem Menschen nicht vertrauen kann, nur weil mir mein Bauchgefühl Gefahr signalisiert durch Verletzungen aus der Vergangenheit?

Oder Du hast Angst vor einem Bühnenauftritt. Dein Bauchgefühl ist gar nicht gut in dieser Hinsicht. Befrage Deine innere, allwissende Stimme, ob Du diesen Schritt trotzdem wagen sollst.

Das Bauchgefühl, welches Du über den Körper deutlich wahrnehmen kannst, ist eher das, was bei uns aufgrund vergangener Erfahrungen noch unerlöst ist. Hier sitzen all unsere alten Themen. Das Bauchgefühl stimmt mal überein, mal nicht, doch ist es immer eher ein Nein zu etwas und beruht nicht auf der göttlichen Intelligenz.

Es ist natürlich, dass Dein Körper den ganzen Tag Signale sendet. Du bist ständig umgeben von Frequenzen und sendest Frequenzen aus. Beobachte Deine Gefühle in Deinem Körper und finde so auch heraus, was der wahre Auslöser für Deine Essstörung ist.

Welches Gefühl, das Du immer wieder oder kurz vor dem Essanfall fühlst, ist in Deinem Körper aktiv?

....

....

....

....

Höre Dir nun die Audio „Ich freue mich in meinem Körper zu sein" an und nutze den nebenstehenden QR-Code

Finde Deine Bestimmung.

Dass Du Deine Bestimmung noch nicht vollkommen lebst, erkennst Du daran, dass manche Lebensbereiche oder auch viele nicht stimmig sind oder Dich noch im Mangel halten. Was, wenn Dich Deine Bestimmung findet, wenn Du Dir Dein Leben gemäß deiner Wahrheit erschaffst?

Wenn Du Deine Aufgabe im Leben noch nicht lebst und Deinen Wert für Dich, Dein Umfeld und die Welt noch nicht erkennst, erschaffst Du Dir automatisch Situationen und Gegebenheiten, die Dich herausfordern und von Deiner Wahrheit abtrennen. Eine davon ist Deine Essstörung oder eine andere Art von Sucht und Ablenkungsmanöver.

Warum?

Ganz einfach: Um Dich zu spüren. Doch Du weißt mittlerweile, dass dies ein riskanter Trugschluss ist. Du musst Dich nicht weiterhin in diesem Kontrast erleben. Du hast die Wahl.

Wenn Du weißt, wie Du nicht leben willst, findest Du leicht heraus, was Du in Wahrheit willst und vor allem, was Dir und Deinem Potenzial entspricht.

Schließe Deine Augen, zentriere Dich in Deinem Herzraum und nimm hier die Verbindung zum allwissenden göttlichen Feld in Dir und um Dich herum wahr.
Wie will ich auf keinen Fall leben?

Wie will ich leben?

....

....

....

....

Wie können meine Erfahrungen anderen Menschen
helfen?

....

....

....

....

Wozu inspiriere ich andere?

....

....

....

....

Wenn alles erlaubt wäre, ich keine Ängste und Zweifel
hätte, wie würde ich dann leben?

....

....

....

....

Gestalte Dein Leben so, dass es in Übereinstimmung
mit Deiner Bestimmung ist. Dafür solltest Du herausfinden, was Deine Bestimmung ist. Du kannst Dich
von Deiner Bestimmung finden lassen oder sie her-

beiführen. Dies geschieht automatisch, da Du Dich nun auf Deinem Seelenweg befindest. Dein Seelenweg ist das Ziel. So lebst Du automatisch Deine Bestimmung. Was, wenn es für das, was Du erschaffst, noch keine feste Berufsbezeichnung oder Lebensform gibt? Bist Du bereit zu scheitern? Bist Du bereit, diese kleine Flamme jetzt in Dir zu entzünden? Beispielsweise könnte es Deine Bestimmung sein, anderen Menschen zu helfen, die Schönheit des Lebens zu entdecken oder Menschen in ihr Potenzial zu führen. Vielleicht hast Du auch die besondere Aufgabe, in Deinem Familienkreis Veränderungen zu erschaffen. Deine Bestimmung ist nicht nur diese eine Gabe, sondern sie ergibt sich aus all Deinen Talenten, Werten, Fähigkeiten und Sehnsüchten.

Schließe Deine Augen. Lausche Deiner Seelenantwort. Was glaubst Du ist Dein Daseinszweck?

....

....

....

....

Es geht nun darum, dass Du Dich vermehrt darauf konzentrierst, dass alles was Du tust, im Einklang mit Deinem Lebenszweck ist.

Wie kannst Du das konkret umsetzen?

Beobachte, ob Deine Gespräche, Deine Treffen, Deine Beziehungen und Deine Arbeit im Einklang mit Deinem Daseinszweck sind. Nach einer ersten Bestandsaufnahme veränderst Du diese Lebensbereiche Schritt für Schritt.

Das ist noch nicht stimmig in den Gesprächen,
die ich führe:

So verändere ich meine Gespräche in Zukunft:

Das stimmt noch nicht mit meinen Treffen
und meinem Lebenszweck überein:

Das müsste ich bei meinen Beziehungen optimieren,
um in Übereinstimmung mit meiner Bestimmung
zu leben:

So optimiere ich die Arbeit, der ich nachgehe, um stärker in Verbindung mit meiner Bestimmung zu sein:

....

....

....

....

Klasse! Sei stolz auf Dich. Diese Bestandsaufnahme ist sehr mutig und ein wertvoller Schritt auf dem Weg Deine Bestimmung mehr und mehr zu verkörpern.

Fang auch hier im Kleinen an. Deine ersten Veränderungen bringen einen großen Stein ins Rollen.

Deine Verbundenheit mit Dir selbst wird sich so automatisch ausdehnen.

Weil Du Dich ausdehnst. Wenn Du Dich erweiterst, keine faulen Kompromisse mehr machst oder etwas aus Gewohnheit über Dich ergehen lässt, kommst Du Dir so nah wie niemals zuvor.

Das bedeutet, Du wirst immer mehr von Dir, Deinen Talenten und Fähigkeiten leben, somit wirst Du auch automatisch mehr be-wirken.

So fängst Du automatisch an, Deine Bestimmung zu leben.

Alles beginnt auch hier mit Deiner Entscheidung, Deine Bestimmung zu leben. Du fängst an, Dich mehr und mehr damit zu identifizieren, bis Du sie voll und ganz verkörperst. Gib Dich diesem Prozess hin, so wird Deine Suche nach mehr im Leben automatisch ein Ende finden, da Du Dich sehr voll und genährt fühlen wirst.

Vielleicht kannst Du zum jetzigen Zeitpunkt schon das Geschenk Deiner Essstörung oder einer anderen Kompensation erkennen. Denn hättest Du diesen Kontrast nicht erlebt, also das komplette Gegenteil, von dem was Deiner höchsten göttlichen Identität entspricht, hättest Du Dich nicht auf den Weg gemacht Deine Bestimmung zu suchen. Nun liest Du dieses Buch, bist bereits erste Schritte gegangen und kannst bestimmt schon erste Fortschritte und Wunder verzeichnen. Gib Dir weiterhin Zeit und sei geduldig mit Dir.

Es geht auf Deinem Seelenweg nie darum, etwas zu erreichen, sondern darum, immer mehr und mehr in die Beobachterrolle Deines Lebens einzutauchen.

Wenn Du zwei Gedanken nacheinander beobachtest, fällt Dir auf, dass dazwischen eine Lücke ist. Diese Lücke ist reines Gewahrsein. Das ist Bewusstsein. Aus diesem Nichts entsteht alles. Du bist nicht Deine Gedanken, denn Du kannst sie beobachten, oder? Dann kannst Du sie nicht sein. Du bist der Raum zwischen Deinen Gedanken in einem menschlichen Körper. Ein Körper, den Du in dieser Inkarnation als Geschenk bekommen hast, um Dich voll zu entfalten und das Universum durch Dich wirken zu lassen.

Alles in der Natur ist auf Wachstum und Entfaltung ausgerichtet, so wie Du auch. Gib Dich dieser göttlichen Ordnung hin und erlaube dem Universum sich durch Dich zu entfalten. Ohne Deinen Körper wäre dieses Erleben nicht möglich.

Möchtest Du Dir, dem Leben, dem Universum und Gott wirklich verwehren, sich durch Dich ihn Deinen schönsten Farben auszudrücken?

Du darfst selbstverständlich auch Rückfälle haben. In Wahrheit sind das mit Deinem jetzigen Bewusstseinszustand keine Rückfälle mehr, denn jedes einzelne Mal wird Dir dieser Rückfall noch mehr weh tun als zuvor. Das ist sehr dienlich, denn so veränderst Du Dich und Dein Leben nachhaltig. Du hast nun schon die Luft des Gegenpols geschnuppert und weißt, wie lichtvoll die andere Seite von Dir ist.

Du darfst auch hier diesen Kontrast noch erleben, so lange er eben nötig ist und Dir dient. Verfalle nicht in Schuld oder Scham, solltest Du einen kleinen Rückschlag erleben. Das darf sein, denn das Leben besteht aus Rhythmen und geht nicht immer nur steil empor. Es kommt auf die Summe Deiner Handlungen an. Die Richtung, in die Du blickst muss stimmen, nicht jeder einzelne Schritt. Sei liebevoll zu Dir. So wie es ein Mensch wäre, der Dich liebt.

Öffne Dich für den Gedanken, dass es riskant ist, zu heilen.

Ein Teil in uns liebt es, zu leiden.

Was, wenn wir akzeptieren dürfen, dass vollständige Heilung niemals eintreten wird? Vielleicht kannst Du Dich mit diesem Gedanken anfreunden, dass Du immer mehr und mehr das Gefühl der Heilung in Dir trägst und auch immer zufriedener wirst. Doch was, wenn es immer einen verletzten Teil in uns geben wird, etwas das sich noch nicht heil anfühlt? Und was, wenn auch das seine Berechtigung hat? Denn aus einer übergeordneten Perspektive sind wir hier, um uns zu erfahren. Welche Erfahrungen gut oder schlecht sind, wertet nur unser

Ego. Die Seele will sich erfahren und ist auf Wachstum ausgerichtet. Würden wir uns als komplett heil erfahren, gäbe es dann noch einen Grund hier auf der Erde das Spiel des Lebens zu spielen?

 *Höre Dir nun die Audio „Bestimmung erschaffen und finden" an und nutze den nebenstehenden QR-Code*

Deine Lebenslüge: Tacheles

Wenn wir anfangen unserem Herzen zu folgen, erleben wir mehr und mehr, dass unsere (Noch-)Realität im Kontrast dazu steht. Wir empfinden vieles plötzlich nicht mehr als stimmig.

Ja, wir reden uns unser Leben auch oft schön! Besonders einzelne Lebensbereiche, die sich bequem anfühlen, die allerdings unsere Entfaltung verhindern.

Niemand ist blinder als der, der nicht sehen will.

Bitte schließe Deine Augen. Fokussiere Dich auf Deinen Herzraum. Atme bewusst ein und aus und entspanne Dich mehr und mehr. Lies die erste Frage, schließe die Augen wieder.

Empfange die Antwort. Notiere Dir die Antwort aus Deiner Seele und geh zur nächsten Frage über.

Bist Du bereit Deine Lebenslügen aufzudecken?

Diese Fragen bringen Dir Klarheit:

Was bist Du nicht bereit zu verändern, obwohl Du weißt, es passt nicht zu Deiner Bestimmung?

Was ist Dir wirklich unangenehm?

....

....

....

....

Welches Thema verdrängst Du am liebsten, obwohl
Du weißt, dass Du hier nicht Deinen höchstmöglichen
Ausdruck lebst?

....

....

....

....

Was hält Dich davon ab, mit diesem Thema in die Veränderung gehen?

....

....

....

....

So könntest Du in die Veränderung gehen:

....

....

....

....

Was würdest Du tun, wenn Du absolut sicher wärst, dass
diese Entscheidung Deine Energie langfristig erhöht?

Sperrst Du Dein Glück aus, weil Du Dich in gewissen
Teilen immer noch einer Dir nicht dienlichen täglichen
Routine hingibst?

Welche Art von Beziehung ist Dir nicht länger dienlich?

Welche Entscheidung darfst Du jetzt treffen, um Deine
Wahrheit zu leben?

Erfolg hat drei Buchstaben: TUN.

Oder wen willst Du weiterhin täuschen? Du täuschst
doch nur Dich selbst. Das Leben ist viel zu kurz, um
sich jeden Tag was vorzumachen.

Was, wenn es tatsächlich einen besseren Weg gibt?

Bist Du überhaupt bereit, etwas Neues zu entdecken?
Oder hältst Du an Deiner vermeintlichen, gewohnten
Sicherheit fest?

Das sind die Irrtümer meines Lebens:

....

....

....

....

Ich bin bereit, diese eine Lebenslüge jetzt zu verändern:

....

....

....

....

Das ist das Geheimnis, um Deine Lebenslügen in Deine Wahrheit zu verwandeln:

Schau nur noch darauf, es Dir selbst recht zu machen. Du hast ab jetzt den größten Stellenwert in Deinem Leben. Das ist nicht egoistisch, ganz im Gegenteil. Was passiert wohl, wenn Du als Licht leuchtest und all Deine Träume lebst?

In uns sitzt eine tiefe Angst, ausgestoßen zu werden. Wenn Du Dich traust, Dir und Deinen Werten und Bedürfnissen zu folgen, wirst Du ausgestoßen. Das macht uns Angst. Doch ganz ehrlich:

Das ist gut so. Denn was willst Du mit Menschen, die Dich daran hindern, Du selbst zu sein?

Und hast Du schon einmal darüber nachgedacht, wie egoistisch die Menschen sind, die Dich so haben wollen, wie Du bisher warst und keine Veränderung Deinerseits akzeptieren?

Umgib Dich mit Menschen, die Dich wachsen sehen wollen, egal ob es für sie auf den ersten Blick bequem ist oder nicht. Sortiere auch hier aus, um Deine Wahrheit zu leben.

Alltagshilfe: Nutze diesen praktischen Teil täglich

Diese Fragen und Inspirationen helfen Dir, Dich täglich mehr und mehr mit Deinem wahren Kern zu verbinden.

Angst erkennen und loslösen:

Wovor habe ich am meisten Angst?

Was würde ich tun, wenn es eintreten würde?

Was wäre das Schlimmste, das dann passieren würde?

Was wäre die Lösung?

Welche Ängste kommen hoch, wenn ich daran denke, meine Essstörung loszulassen?

Welche Ängste kommen in mir hoch, wenn ich daran denke Gewohnheiten loszulassen, die mir nicht mehr dienen?

Was muss ich loslassen, um zu wachsen?

Was hilft mir, diese Angst in Liebe loszulassen?

Wie wäre mein Leben ohne diese Angst? Visualisiere Dein neues Leben.

Höre Dir nun die Audio „Angstfreies Leben" an und nutze den nebenstehenden QR-Code

Weitere Fragen und Impulse, die Dich näher zu Dir selbst bringen:

Ich kann fühlen, wie meine Scham dahinschmilzt, wenn...

....

....

....

....

Wie würde es sich anfühlen, meine wahren Gefühle allen Menschen in meinem Umfeld voll zum Ausdruck zu bringen?

....

....

....

....

Welche offenen Gedanken schwirren in mir herum?

....

....

....

....

Das erledige ich heute, um diese Energielöcher zu schließen:

....

....

....

....

Stimmt mein jetziges Verhalten mit der besten Version
meiner Selbst überein?

....

....

....

....

Was kann ich jetzt konkret verändern, um die schönste
und zufriedene Version meiner Selbst zu verkörpern?

....

....

....

....

Wenn ich nicht weiß, was ich will, frage ich mich:
Wie will ich es haben?

....

....

....

....

Was hält mich davon ab, mein Potenzial zu leben?

....

....

....

....

Was riskiere ich, wenn ich jetzt etwas tue, das außerhalb
meiner Komfortzone liegt?

....

....

Am Abend im Bett:
Welche kleinen Dinge haben mir heute Freude bereitet?

Immer und immer wieder:
Was fühle ich gerade? Und wo in meinem Körper sitzt dieses Gefühl?

Für was bin ich jetzt dankbar?

Was ist jetzt ein kleiner Schritt in Richtung Wunscherfüllung?

Was muss ich jetzt ändern, dass ich mich glücklicher fühle?

Wenn ich körperliche Schmerzen habe, ist das liebevollste, das ich für mich tun kann...

Wie kann ich zukünftig besser auf mich aufpassen und für mich sorgen, wenn ich starke Emotionen habe?

Suche Dir mindestens zwei Fragen aus diesem inspirativen Fragenkatalog aus und schreibe sie groß und prägnant auf. Hänge sie an einem Ort auf, an dem Du täglich vorbeigehst und Dich mit diesen Fragen auseinandersetzt.

**Sonderaufgabe mit einmaligem, soulischen, lebens-
verändernden Gewinn:**

Finde Deinen Weg aus dem Drama und lebe Dein
Sama. Stell Dir nun Deinen Himmel auf Erden vor. Nutze
die Kraft der Meditation und Visualisierung. Schreibe
Deine Lebensgeschichte um, heute oder in einem, zwei
oder drei Jahren. Du blickst zurück. Du schreibst diese
Zeilen aus der Sicht Deiner wunderschönsten, gesunden
Version Deiner Selbst.

Damals, als Du dieses Buch zum ersten Mal in den
Händen gehalten hast:
Was hat sich seither alles verändert?

GEWINNSPIEL

*Du hast eine berührende, ein-
schneidende und kraftvolle Lebensgeschichte, die Du mit uns
teilen möchtest? Die Gewinner-Ge-
schichte bekommt ein „Role Model
Coaching" im Wert von 15.000 €.
Inbegriffen sind: Identity Coaching,
Stilberatung, Fotoshooting mit
tragbarer Kunst Deiner Wahl, ein
Stück davon darfst Du behalten.
Schick uns Deine Motivation,
warum Du ein Coaching von uns
verdient hast, was Dich besonders
macht und was Dein Purpose ist
an: vipgewinnspiel@gmail.com*

Nutze die Kraft einer weiteren Methode. Schreibe eine Szene, die in Deinem Leben passiert ist, neu. Diese Methode heißt Reverse Engineering.

Du kehrst um, was passiert ist. Die Heilung findet in Deinem Unterbewusstsein statt. Gerne helfe ich Dir dabei, wir machen das gemeinsam. Dafür nutze die folgende Heilungsmeditation:

Höre Dir nun die Audio „Reverse Engineering" an und nutze den nebenstehenden QR-Code

Schlusswort

Du bist angekommen in Dir, Deinem Himmel auf Erden, Deinem Sama. Auch wenn dieser Weg längst nicht vollendet ist, sei Dir gewiss, nichts wird jemals wieder so lange schmerzhaft sein, wenn Du Dir erlaubst, neu mit Deinen Gefühlen umzugehen und Du so immer tiefer in Verbindung mit Dir selbst und Deiner wahren Bestimmung kommst. Du bist Deinem Himmel entweder sehr nahegekommen oder Du schwebst neuerdings die meiste Zeit über den Wolken. Du weißt nun, wie Du Dein Drama hinter Dir lässt und Dein Leben sich in ungeahnte Höhen entwickeln kann. Wenn Du all die Übungen, Fragestellungen, Trainings, Meditationen und auffordernden Seelenimpulse umgesetzt hast, bist Du mit Sicherheit ein völlig neuer, freier Mensch. Ein Mensch, der angefangen hat, sich und seine Wahrheit zu erkennen und zu leben.

Wow, was gibt's Wertvolleres? Sei stolz auf Dich, ich bin es definitiv. Teile Deine Erfolgserlebnisse gerne mit mir. Lass uns vernetzen:

*Hier geht's zu meiner Webseite.
Du findest mich auch auf
Instagram und auf facebook*

*Von Herz zu Herz,
von Seele zu Seele.*

Deine Patricia Maria

ÜBER PATRICIA MARIA UHLIG

Als Gründerin der Soul-leading Academy steht Patricia Maria für ein seelengeführtes Leben. Sie hilft Menschen dabei, ihrer inneren, weisen Seelenstimme zu vertrauen und ihr vor allem mutig zu folgen. Sie unterstützt Menschen darin, ihre wahre Identität und somit ihr volles Potential zu leben. Durch ihr seelengeführtes Wirken fühlen sich ihre Klienten tief verbunden mit sich selbst und ihrer Seelenbestimmung.

Als verheiratete Mama von zwei wundervollen Söhnen, arbeitete sie siebzehn Jahre als Lehrerin an einer Brennpunktschule, in der Nähe des wunderschönen Bodensees.

Da sie eine Freundin der Praxis ist, gelingt es ihr mit viel Humor und Bodenständigkeit nachhaltige Veränderungen in allen Lebensbereichen der Kinder, Jugendlichen und Erwachsenen zu bewirken.

Patricia Maria arbeitet seit Jahren mit verschiedenen psychologischen und energetischen Methoden des Unterbewusstseins und des Quantenbewusstseins. Durch ihre Fähigkeit der Seelenkommunikation verbindet sie auf eine sehr fundierte Art und Weise die Welt der Energie mit der Materie.

Bereits im Alter von vier Jahren erkannte sie sich eindeutig als Bewusstsein in einem menschlichen Körper. Dadurch hat sie sich insgesamt sehr fremd gefühlt und hatte diese unermessliche Sehnsucht nach Zuhause, trotz eines fürsorglichen Elternhauses. Durch den plötzlichen Tod ihrer Lieblingsoma öffnete sich von einem Tag auf den anderen ihr inneres Hellhören der Seelensprache jedes Menschen. Deshalb spricht sie seit ihrer Kindheit fließend soulisch, also die Sprache der Seele.

Sie hat bereits während ihres Lehramtstudiums viele Seminare und Ausbildungen absolviert, vor allem im Bereich Emotionslösetechniken, Traumatherapie, Blockadenlösung, Geistheilung und verschiedene Ausbildungen zum Mindset- und Energiecoach.

All das hat Patricia Maria auf ihrem Weg unterstützt und sie darin bestärkt, dass es nichts braucht außer der eigenen Seelenstimme, um ein erfülltes, selbstsicheres Leben zu führen, das unserer wahren Bestimmung entspricht.

Website: www.soulleading.de
Youtube: http://www.youtube.com/@soulleading_
Facebook: www.facebook.com/patricia.uhlig.3
Kostenfreie Facebookgruppe: https://www.facebook.com/groups/soulleading/
Instagram: https://www.instagram.com/patriciamaria_soulleading_/
Whatsapp: 00491631915439